Multiplication Workboo

Times Tables Practice Book for Ages 7-9

Jungle Publishing

Jungle Publishing have asserted their moral right to be identified as the author of this work in accordance with the Copyright, Designs and Patents Act 1988.

All rights reserved. No part of this publication may be produced, stored in a retrieval system, or transmitted in any form or by any means, electronic, mechanical, photocopying or otherwise without the prior permission of the copyright owner.

Copyright © 2020 Jungle Publishing

Introduction

This is a book to help kids master their times tables.

It is aimed at ages 7 - 9 but is suitable for older students who need a refresher and want to practice these essential basics.

The book includes:

- Multiplication of numbers 0-12
  - Practice sheets, number bonds, pictorial questions, puzzles and word problems.

- Mixed Problems
  - Mixed Questions, puzzles and money problems.

- Timed Tests
  - 15 timed tests to measure improvement in speed and quality of work.

Some of the puzzles included in the book are explained in more detail on pages 6 and 7.

All problems can be answered by cross referencing the back cover but it is, of course, important for students to try and solve the sum mentally first.

Good luck!

This book belongs to:

....

Table of Contents

Multiplication Explained	5
Progress Chart	8
Multiplying by 0	9
Multiplying by 1 and 2	11
Multiplying by 3 and 4	18
Multiplying by 5 and 6	25
Multiplying by 7 and 8	32
Multiplying by 9 and 10	39
Multiplying by 11 and 12	46
Mixed Problems	53
Timed Tests	71
Answers	87

Multiplication Explained

Multiplication is the repeated addition of the same number.

For instance, let's say that each time I visit the food store I buy 3 apples.

- After 1 visit I'd have 3 apples.
- After 2 visits I'd have 6 apples (3 + 3 = 6).
- After 3 visits I'd have 9 apples (3 + 3 + 3 = 9).
- After 4 visits I'd have 12 apples (3 + 3 + 3 + 3 = 12).

Written in multiplication form, this is simply the number of apples bought 'times' (x) the number of visits I take to the food store.

- After 1 visit I'd have 3 apples.
- After 2 visits I'd have 6 apples (3 × 2 = 6).
- After 3 visit I'd have 9 apples (3 × 3 = 9).
- After 4 visits I'd have 12 apples (3 × 4 = 12).

Multiplying by 0 (zero) will always result in the answer equalling 0.

You could visit the food store once, five times or 100 times but if on each visit you buy no apples, you will always end up with 0 apples.

Therefore: 1 × 0 = 0; 5 × 0 = 0; 100 × 0 = 0; etc.

Multiplication Exercises Explained

Bullseye

The bullseye drill requires you to multiply the central number by the numbers on the inner ring.

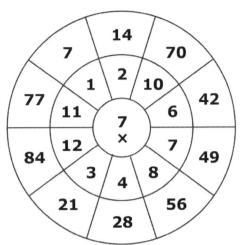

Match Ups

Match ups require you to complete the multiplication sum and draw a line to the correct answer on the opposite side of the task.

a. 8 × 9 = ____ C•   •A = 12

b. 1 × 12 = ____ A•   •C = 72

c. 3 × 6 = ____ B•   •B = 18

Multiplication Patterns

Multiplication patterns will start at 0 and increase each square by the provided number (multiples of 11 in the example). You will need to fill in the empty squares.

Count by 11 from 0 to 99

0	11	22	33	44	55	66	77	88	99

Table Drill

The table drill can be solved by multiplying the numbers from the left hand row with those in the top row.

×					
	12	1	0	9	4
12					
3					
5					
0					
1					

×	12	1	0	9	4
12	144	12	0	108	48
3	36	3	0	27	12
5	60	5	0	45	20
0	0	0	0	0	0
1	12	1	0	9	4

Input Output

Input Output required you to understand the multiplication pattern and fill in the remaining blanks. The first two answers will always be provided.

Input	Output
1	7
3	21
10	
2	

Input	Output
1	7
3	21
10	70
2	14

Multiply by 7

Progress Chart

Shade in the stars when you have completed a section.

Section	Section Completed?
Multiplying by 0	☆
Multiplying by 1 and 2	☆
Multiplying by 3 and 4	☆
Multiplying by 5 and 6	☆
Multiplying by 7 and 8	☆
Multiplying by 9 and 10	☆
Multiplying by 11 and 12	☆
Mixed Problems	☆

Section	Completed?	Highest Score	Quickest Time
Timed Tests	☆		

Multiplying by 0

Name: _____   Date: _____

Class: _____   Teacher: _____

Multiplying by 0

1) 11 × 0

2) 10 × 0

3) 3 × 0

4) 7 × 0

5) 12 × 0

6) 4 × 0

7) 0 × 0

8) 6 × 0

9) 5 × 0

10) 1 × 0

11) 0 × 4

12) 0 × 11

13) 0 × 10

14) 0 × 9

15) 0 × 12

16) 0 × 6

17) 0 × 5

18) 0 × 3

19) 0 × 1

20) 0 × 2

Score: /20

Multiplying by 1 and 2

Name: _____ Date: _____

Class: _____ Teacher: _____

Multiplying by 1 and 2: Part 1

1) 2 × 12 = 24
2) 1 × 6
3) 2 × 11
4) 1 × 2
5) 1 × 9

6) 2 × 5
7) 1 × 11
8) 1 × 5
9) 1 × 7
10) 1 × 3

11) 2 × 6
12) 1 × 10
13) 1 × 4
14) 2 × 10
15) 1 × 8

16) 2 × 8
17) 2 × 3
18) 2 × 2
19) 2 × 7
20) 2 × 4

21) 2 × 9
22) 1 × 12
23) 2 × 1
24) 1 × 1
25) 1 × 4

26) 2 × 10
27) 2 × 9
28) 1 × 12
29) 1 × 7
30) 1 × 11

31) 2 × 2
32) 2 × 6
33) 2 × 12
34) 2 × 6
35) 2 × 5

36) 2 × 3
37) 2 × 3
38) 1 × 11
39) 2 × 11
40) 1 × 10

Score: /40

Multiplying by 1 and 2: Part 2

1) 4 × 1
2) 11 × 2
3) 4 × 2
4) 8 × 2
5) 12 × 2
6) 5 × 2
7) 6 × 2
8) 10 × 1
9) 5 × 1
10) 9 × 1
11) 11 × 1
12) 2 × 2
13) 2 × 1
14) 9 × 2
15) 8 × 1
16) 7 × 2
17) 10 × 2
18) 3 × 1
19) 12 × 1
20) 7 × 1
21) 6 × 1
22) 3 × 2
23) 1 × 1
24) 1 × 2
25) 11 × 1
26) 9 × 1
27) 11 × 2
28) 2 × 2
29) 10 × 1
30) 10 × 1
31) 7 × 2
32) 11 × 2
33) 9 × 2
34) 6 × 1
35) 9 × 2
36) 8 × 2
37) 2 × 1
38) 12 × 1
39) 7 × 1
40) 9 × 1

Score: /40

Multiplying by 1 and 2: Bullseye

1)

2)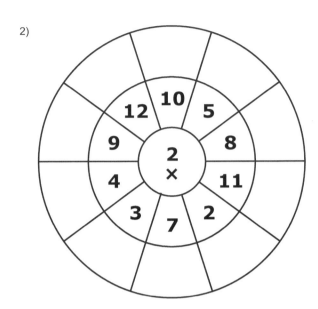

3)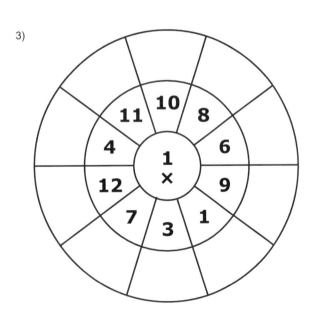

4)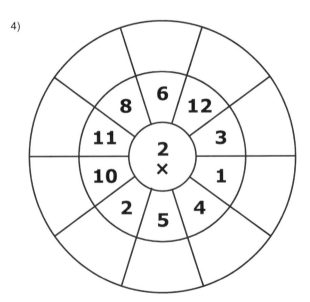

Score: /4

Multiplying by 1 and 2: Match Ups

1)

a. 1 × 12 = _____ •   • F = 20

b. 1 × 5 = _____ •   • G = 10

c. 2 × 2 = _____ •   • D = 16

d. 2 × 8 = _____ •   • A = 5

e. 1 × 10 = _____ •   • E = 12

f. 2 × 7 = _____ •   • C = 14

g. 2 × 10 = _____ •   • B = 4

h. 1 × 6 = _____ •   • H = 6

Score: 18

Multiplying by 1 and 2: Number Bonds

1) 1 × __ = 9
2) 2 × __ = 6
3) 2 × __ = 8
4) 1 × __ = 4
5) 1 × __ = 12

6) 1 × __ = 10
7) 2 × __ = 12
8) 1 × __ = 11
9) 2 × __ = 24
10) 1 × __ = 8

11) 2 × __ = 22
12) 2 × __ = 20
13) 1 × __ = 6
14) 2 × __ = 14
15) 2 × __ = 10

16) 1 × __ = 1
17) 1 × __ = 5
18) 1 × __ = 7
19) 2 × __ = 2
20) 2 × __ = 16

Score: /20

Multiplying by 1 and 2: Word Problems

1) Jacques swims two laps every day. How many laps will Jacques swim in eight days?

2) Jake can cycle two miles per hour. How far can Jake cycle in seven hours?

3) If there are two pears in each box and there are four boxes, how many pears are there in total?

4) Ella has two times more oranges than Anish. Anish has six oranges. How many oranges does Ella have?

5) Sarah's garden has two rows of pumpkins. Each row has 10 pumpkins. How many pumpkins does Sarah have in all?

Score: /5

Multiplying by 3 and 4

Name: _____ Date: _____

Class: _____ Teacher: _____

Multiplying by 3 and 4: Part 1

1) 4 × 10 = 40
2) 3 × 12 = 36
3) 3 × 6 = 18
4) 4 × 6
5) 4 × 12
6) 3 × 2
7) 3 × 9
8) 3 × 11
9) 4 × 11
10) 3 × 7
11) 3 × 1
12) 4 × 7
13) 4 × 2
14) 4 × 8
15) 3 × 4
16) 4 × 4
17) 4 × 9
18) 3 × 8
19) 3 × 3
20) 4 × 3
21) 3 × 10
22) 3 × 5
23) 4 × 5
24) 4 × 1
25) 3 × 5
26) 3 × 11
27) 4 × 11
28) 3 × 9
29) 3 × 10
30) 3 × 5
31) 4 × 4
32) 3 × 8
33) 4 × 10
34) 3 × 11
35) 4 × 7
36) 3 × 11
37) 3 × 1
38) 4 × 1
39) 4 × 6
40) 3 × 10

Score: /40

Multiplying by 3 and 4: Part 2

1) 11 × 3
2) 3 × 3
3) 7 × 3
4) 9 × 4
5) 5 × 4
6) 2 × 4
7) 4 × 3
8) 11 × 4
9) 9 × 3
10) 8 × 4
11) 6 × 4
12) 10 × 3
13) 8 × 3
14) 12 × 3
15) 4 × 4
16) 10 × 4
17) 12 × 4
18) 2 × 3
19) 5 × 3
20) 3 × 4
21) 6 × 3
22) 7 × 4
23) 1 × 4
24) 1 × 3
25) 6 × 4
26) 3 × 3
27) 6 × 3
28) 4 × 4
29) 10 × 3
30) 4 × 4
31) 3 × 4
32) 5 × 3
33) 9 × 4
34) 6 × 3
35) 10 × 3
36) 7 × 4
37) 10 × 4
38) 8 × 3
39) 8 × 4
40) 7 × 3

Score: /40

Multiplying by 3 and 4: Number Bonds

1) 4 × ___ = 44

2) 4 × ___ = 12

3) 3 × 11 = ___

4) 4 × 12 = ___

5) 3 × 10 = ___

6) 3 × ___ = 6

7) 4 × 8 = ___

8) 3 × ___ = 36

9) 3 × ___ = 24

10) 3 × ___ = 12

11) 4 × 10 = ___

12) 3 × 5 = ___

13) 4 × 4 = ___

14) 4 × ___ = 8

15) 4 × 7 = ___

16) 3 × 7 = ___

17) 3 × 6 = ___

18) 4 × 9 = ___

19) 4 × ___ = 24

20) 3 × ___ = 9

21) 3 × ___ = 3

22) 4 × 1 = ___

23) 4 × ___ = 20

24) 3 × ___ = 27

25) 4 × 8 = ___

26) 4 × ___ = 44

27) 3 × 6 = ___

28) 4 × ___ = 4

29) 3 × ___ = 30

30) 4 × 4 = ___

Score: ___/30

Right or Wrong?

This table has 4 incorrect sums. Highlight the wrong ones!

2 x 1 = 4	2 x 4 = 8	3 x 3 = 9
2 x 2 = 4	4 x 4 = 12	1 x 4 = 4
1 x 1 = 1	3 x 1 = 3	2 x 4 = 6
2 x 1 = 2	3 x 4 = 12	2 x 2 = 2

Multiplying by 3 and 4

Multiplying Toucans

4 toucans

×

2 toucans

=

..................................toucans

Multiplying by 3 and 4

Multiplying by 3 and 4: Jigsaws

Complete the multiplication and draw a line to the answer!

3 × 4	9
2 × 4	12
4 × 4	8
3 × 3	16

Multiplying by 5 and 6

Name: _____ Date: _____

Class: _____ Teacher: _____

Multiplying by 5 and 6: Part 1

1) 5 × 5
2) 6 × 4
3) 6 × 7
4) 5 × 6
5) 6 × 11
6) 6 × 12
7) 6 × 3
8) 5 × 2
9) 6 × 5
10) 5 × 11
11) 6 × 2
12) 6 × 6
13) 5 × 10
14) 6 × 10
15) 5 × 3
16) 5 × 12
17) 6 × 8
18) 5 × 8
19) 6 × 1
20) 5 × 1
21) 5 × 4
22) 6 × 9
23) 5 × 7
24) 5 × 9
25) 5 × 6
26) 5 × 6
27) 6 × 11
28) 5 × 7
29) 5 × 12
30) 6 × 11
31) 6 × 11
32) 6 × 11
33) 6 × 7
34) 6 × 12
35) 5 × 12
36) 6 × 5
37) 5 × 12
38) 6 × 5
39) 6 × 8
40) 6 × 11

Score: /40

Multiplying by 5 and 6: Part 2

1) 8 × 6

2) 12 × 5

3) 9 × 5

4) 3 × 5

5) 7 × 6

6) 11 × 5

7) 2 × 5

8) 5 × 6

9) 6 × 5

10) 8 × 5

11) 10 × 5

12) 1 × 6

13) 3 × 6

14) 4 × 6

15) 4 × 5

16) 1 × 5

17) 2 × 6

18) 7 × 5

19) 9 × 6

20) 6 × 6

21) 10 × 6

22) 5 × 5

23) 11 × 6

24) 12 × 6

25) 7 × 6

26) 5 × 5

27) 12 × 5

28) 6 × 6

29) 10 × 5

30) 2 × 5

31) 8 × 5

32) 6 × 6

33) 6 × 5

34) 3 × 6

35) 3 × 5

36) 12 × 6

37) 10 × 6

38) 9 × 5

39) 10 × 6

40) 2 × 6

Score: /40

Multiplying by 5 and 6: Bullseye

1)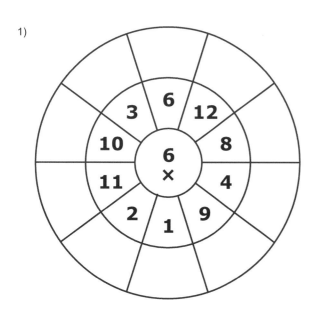

2)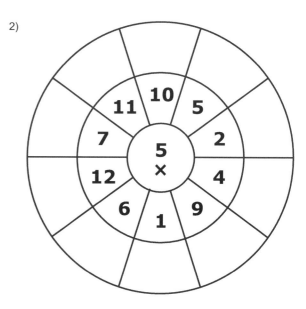

3)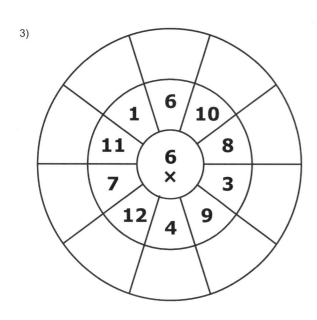

4)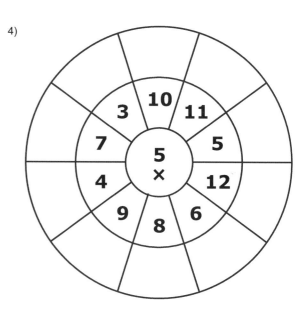

Score: /4

Multiplying by 5 and 6: Match Ups

1)
- a. 6 × 12 = _____ • • G = 24
- b. 5 × 5 = _____ • • A = 40
- c. 5 × 3 = _____ • • F = 65
- d. 6 × 8 = _____ • • H = 48
- e. 5 × 13 = _____ • • E = 72
- f. 6 × 4 = _____ • • D = 25
- g. 5 × 8 = _____ • • C = 15
- h. 5 × 10 = _____ • • B = 50

Score: 18

Multiplying by 5 and 6: Number Bonds

1) 5 × __ = 25
2) 6 × __ = 66
3) 6 × __ = 54
4) 6 × __ = 30
5) 5 × __ = 40

6) 5 × __ = 55
7) 5 × __ = 5
8) 5 × __ = 35
9) 6 × __ = 12
10) 5 × __ = 45

11) 6 × __ = 42
12) 6 × __ = 48
13) 5 × __ = 10
14) 6 × __ = 36
15) 5 × __ = 15

16) 5 × __ = 50
17) 6 × __ = 72
18) 6 × __ = 24
19) 5 × __ = 20
20) 6 × __ = 18

Score: __ /20

Multiplying by 5 and 6: Word Problems

1) If there are six marbles in each box and there are six boxes, how many marbles are there in total?

2) Adam can cycle six miles per hour. How far can Adam cycle in four hours?

3) Billy swims six laps every day. How many laps will Billy swim in 12 days?

4) Ella's garden has six rows of pumpkins. Each row has nine pumpkins. How many pumpkins does Ella have in all?

5) Marcie has six times more pears than Tom. Tom has eight pears. How many pears does Marcie have?

Score: /5

Multiplying by 7 and 8

Name: _____ Date: _____

Class: _____ Teacher: _____

Multiplying by 7 and 8: Part 1

1) 7 × 11
2) 7 × 9
3) 8 × 7
4) 8 × 11
5) 8 × 10

6) 7 × 12
7) 8 × 3
8) 8 × 4
9) 7 × 6
10) 7 × 10

11) 8 × 9
12) 7 × 8
13) 8 × 5
14) 7 × 3
15) 8 × 12

16) 8 × 8
17) 8 × 6
18) 7 × 4
19) 7 × 2
20) 7 × 5

21) 7 × 1
22) 8 × 1
23) 7 × 7
24) 8 × 2
25) 8 × 11

26) 8 × 10
27) 8 × 10
28) 7 × 12
29) 7 × 4
30) 7 × 4

31) 7 × 8
32) 8 × 8
33) 7 × 8
34) 8 × 10
35) 7 × 11

36) 8 × 5
37) 7 × 12
38) 8 × 7
39) 8 × 1
40) 8 × 3

Score: ___ /40

Multiplying by 7 and 8: Part 2

1) 3 × 8
2) 7 × 8
3) 8 × 7
4) 6 × 7
5) 2 × 7

6) 11 × 8
7) 9 × 7
8) 10 × 8
9) 12 × 8
10) 7 × 7

11) 6 × 8
12) 5 × 8
13) 9 × 8
14) 2 × 8
15) 5 × 7

16) 10 × 7
17) 1 × 7
18) 1 × 8
19) 4 × 8
20) 3 × 7

21) 11 × 7
22) 8 × 8
23) 4 × 7
24) 12 × 7
25) 11 × 8

26) 9 × 8
27) 4 × 8
28) 6 × 7
29) 7 × 8
30) 5 × 8

31) 1 × 8
32) 8 × 8
33) 8 × 7
34) 9 × 7
35) 4 × 7

36) 4 × 7
37) 6 × 8
38) 11 × 7
39) 5 × 8
40) 4 × 7

Score: /40

Multiplying by 7 and 8: Number Bonds

1) 8 × ___ = 8
2) 8 × ___ = 16
3) 8 × ___ = 32
4) 7 × ___ = 77
5) 7 × 8 = ___
6) 8 × 9 = ___
7) 7 × 10 = ___
8) 7 × ___ = 7
9) 7 × 7 = ___
10) 7 × 9 = ___
11) 7 × 5 = ___
12) 8 × ___ = 48
13) 8 × ___ = 80
14) 8 × ___ = 56
15) 7 × 4 = ___
16) 8 × ___ = 96
17) 7 × 6 = ___
18) 8 × ___ = 40
19) 7 × 2 = ___
20) 7 × ___ = 21
21) 8 × 11 = ___
22) 8 × ___ = 24
23) 8 × 8 = ___
24) 7 × ___ = 84
25) 8 × 2 = ___
26) 7 × ___ = 70
27) 8 × 4 = ___
28) 8 × 4 = ___
29) 7 × ___ = 21
30) 7 × ___ = 63

Score: ___/30

Multiplying by 7 and 8

Right or wrong?

This table has 4 incorrect sums. Highlight the wrong ones!

8 x 5 = 40	8 x 10 = 80	8 x 7 = 57
8 x 4 = 32	7 x 4 = 28	7 x 5 = 28
5 x 7 = 49	9 x 3 = 24	7 x 9 = 63
8 x 6 = 48	8 x 3 = 24	7 x 4 = 28

Multiplying by 7 and 8: The Maze!

Answer these sums and draw a line through the maze!

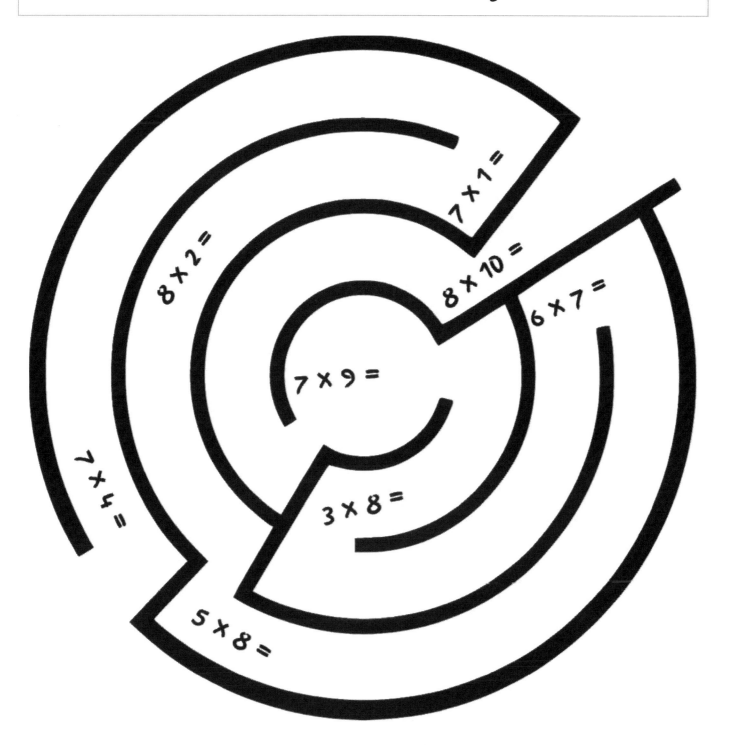

Puzzle: The Tree!

Which two pairs of numbers can be multiplied to make 24?

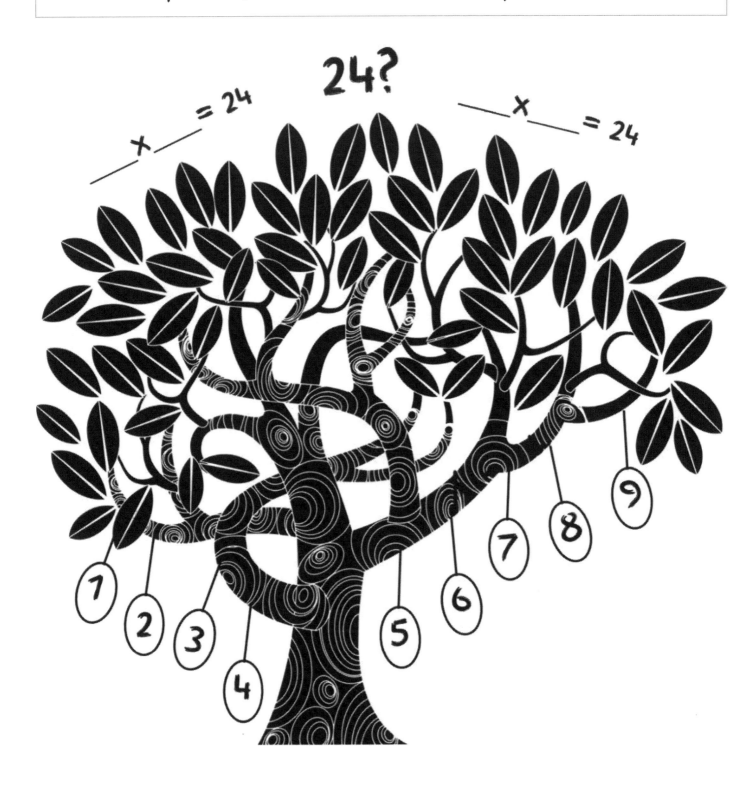

Multiplying by 7 and 8

Multiplying by 9 and 10

Name: Date:

Class: Teacher:

Multiplying by 9 and 10: Part 1

1) 9 × 11
2) 9 × 2
3) 10 × 8
4) 10 × 3
5) 10 × 1

6) 9 × 6
7) 9 × 10
8) 9 × 3
9) 9 × 8
10) 10 × 9

11) 10 × 11
12) 10 × 10
13) 10 × 12
14) 9 × 12
15) 9 × 9

16) 10 × 5
17) 9 × 4
18) 9 × 7
19) 9 × 5
20) 10 × 4

21) 9 × 1
22) 10 × 6
23) 10 × 7
24) 10 × 2
25) 10 × 12

26) 10 × 2
27) 10 × 4
28) 9 × 11
29) 9 × 1
30) 10 × 2

31) 10 × 11
32) 10 × 5
33) 9 × 7
34) 9 × 11
35) 9 × 3

36) 9 × 8
37) 9 × 5
38) 9 × 6
39) 9 × 12
40) 9 × 5

Score: /40

Multiplying by 9 and 10: Part 2

1) 10 × 8
2) 9 × 9
3) 9 × 8
4) 10 × 9
5) 9 × 9

6) 10 × 9
7) 9 × 8
8) 9 × 8
9) 10 × 8
10) 9 × 8

11) 10 × 8
12) 9 × 9
13) 10 × 8
14) 9 × 9
15) 9 × 8

16) 10 × 8
17) 10 × 9
18) 9 × 9
19) 9 × 9
20) 10 × 9

21) 9 × 9
22) 9 × 9
23) 9 × 8
24) 9 × 9
25) 10 × 9

26) 9 × 8
27) 10 × 9
28) 10 × 9
29) 9 × 8
30) 9 × 9

31) 10 × 8
32) 10 × 9
33) 10 × 8
34) 9 × 9
35) 9 × 8

36) 10 × 8
37) 10 × 8
38) 9 × 8
39) 10 × 8
40) 10 × 8

Score: /40

Multiplying by 9 and 10: Bullseye

1)
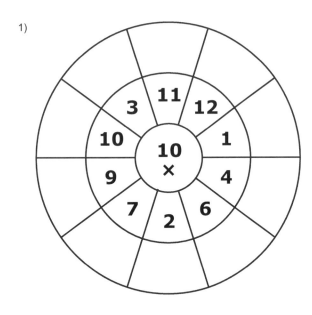

2)
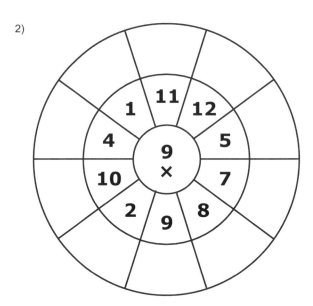

3)
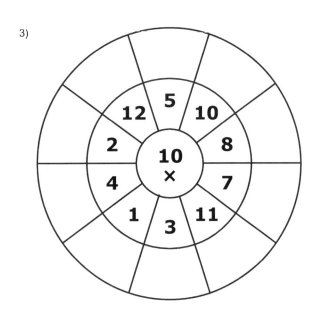

4)
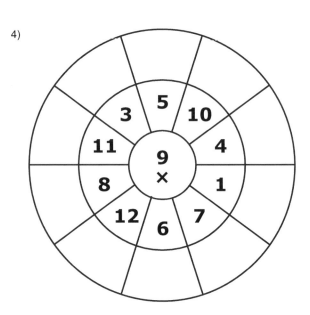

Score: /4

Multiplying by 9 and 10: Match Ups

1)
- a. 10 × 7 = _____ •
- b. 10 × 15 = _____ •
- c. 9 × 9 = _____ •
- d. 9 × 10 = _____ •
- e. 10 × 13 = _____ •
- f. 9 × 3 = _____ •
- g. 9 × 15 = _____ •
- h. 10 × 10 = _____ •

- B = 90
- H = 150
- G = 130
- A = 100
- D = 27
- E = 135
- C = 70
- F = 81

Score: 18

Multiplying by 9 and 10: Number Bonds

1) 9 × ___ = 18
2) 9 × ___ = 9
3) 9 × ___ = 63
4) 9 × ___ = 90
5) 10 × ___ = 100

6) 9 × ___ = 72
7) 10 × ___ = 110
8) 10 × ___ = 90
9) 9 × ___ = 45
10) 9 × ___ = 81

11) 9 × ___ = 54
12) 10 × ___ = 70
13) 9 × ___ = 27
14) 10 × ___ = 60
15) 10 × ___ = 50

16) 10 × ___ = 30
17) 10 × ___ = 120
18) 10 × ___ = 40
19) 10 × ___ = 80
20) 9 × ___ = 108

Score: ___ /20

Multiplying by 9 and 10: Word Problems

1) Jane's garden has 10 rows of pumpkins. Each row has nine pumpkins. How many pumpkins does Jane have in all?

2) Jacques swims 10 laps every day. How many laps will Jacques swim in two days?

3) If there are 10 marbles in each box and there are 12 boxes, how many marbles are there in total?

4) Adam has nine times more apples than Brian. Brian has eight apples. How many apples does Adam have?

5) Brian can cycle 10 miles per hour. How far can Brian cycle in six hours?

Score: /5

Multiplying by 11 and 12

Name: Date:

Class: Teacher:

Multiplying by 11 and 12: Part 1

1) 11 × 10
2) 12 × 11
3) 12 × 10
4) 11 × 6
5) 11 × 2

6) 11 × 9
7) 12 × 12
8) 12 × 8
9) 12 × 5
10) 11 × 3

11) 11 × 11
12) 12 × 9
13) 12 × 7
14) 12 × 6
15) 12 × 2

16) 11 × 4
17) 11 × 12
18) 11 × 7
19) 12 × 4
20) 11 × 5

21) 11 × 8
22) 12 × 1
23) 12 × 3
24) 11 × 1
25) 12 × 5

26) 12 × 11
27) 12 × 10
28) 11 × 3
29) 12 × 3
30) 12 × 2

31) 12 × 10
32) 11 × 3
33) 11 × 4
34) 11 × 12
35) 11 × 6

36) 12 × 8
37) 11 × 10
38) 12 × 11
39) 11 × 2
40) 12 × 3

Score: /40

Multiplying by 11 and 12: Part 2

1) 3 × 12
2) 8 × 11
3) 9 × 11
4) 10 × 11
5) 9 × 12

6) 5 × 11
7) 4 × 11
8) 7 × 12
9) 1 × 12
10) 4 × 12

11) 3 × 11
12) 7 × 11
13) 2 × 11
14) 6 × 11
15) 8 × 12

16) 1 × 11
17) 10 × 12
18) 11 × 11
19) 11 × 12
20) 2 × 12

21) 5 × 12
22) 6 × 12
23) 12 × 12
24) 12 × 11
25) 5 × 11

26) 3 × 12
27) 9 × 11
28) 11 × 12
29) 8 × 12
30) 5 × 12

31) 5 × 12
32) 12 × 11
33) 4 × 12
34) 3 × 11
35) 11 × 12

36) 12 × 11
37) 2 × 12
38) 3 × 11
39) 11 × 12
40) 8 × 11

Score: /40

Multiplying by 11 and 12: Number Bonds

1) 12 × _____ = 132
2) 12 × 5 = _____
3) 11 × 8 = _____
4) 11 × 11 = _____
5) 12 × 6 = _____
6) 11 × 12 = _____
7) 12 × 10 = _____
8) 11 × _____ = 44
9) 12 × _____ = 24
10) 11 × 7 = _____
11) 12 × 8 = _____
12) 11 × 10 = _____
13) 12 × _____ = 48
14) 12 × 12 = _____
15) 11 × _____ = 55
16) 12 × 3 = _____
17) 12 × _____ = 12
18) 11 × _____ = 33
19) 11 × 6 = _____
20) 11 × 2 = _____
21) 11 × 9 = _____
22) 12 × _____ = 84
23) 11 × _____ = 11
24) 12 × 9 = _____
25) 11 × 8 = _____
26) 12 × _____ = 120
27) 11 × 5 = _____
28) 12 × _____ = 24
29) 12 × 2 = _____
30) 12 × 11 = _____

Score: _____ /30

Right or Wrong?

This table has 4 incorrect sums. Highlight the wrong ones!

12 x 1 = 12	12 x 2 = 36	12 x 4 = 48
11 x 4 = 33	11 x 2 = 22	12 x 8 = 96
12 x 6 = 60	11 x 8 = 88	11 x 3 = 33
12 x 6 = 72	10 x 5 = 55	12 x 2 = 24

Multiplying by 11 and 12

Multiplying Tigers

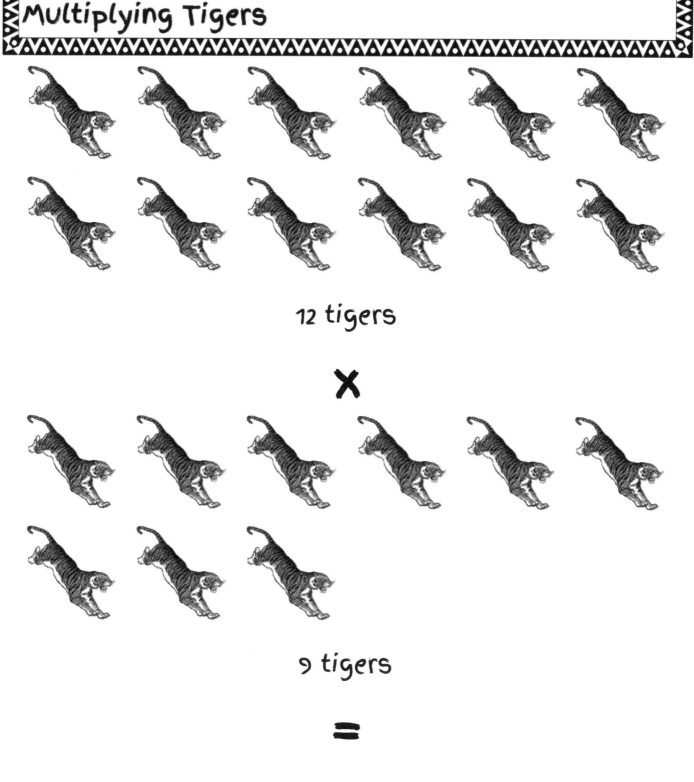

12 tigers

×

9 tigers

=

....tigers

Multiplying by 11 and 12

Measuring Lines

1)

_____

2)

_____

3)

_____

4)

_____

5)

_____

6)

_____

7)

_____

8)

_____

a) Measure the lines (cm). Which line is the longest, and which is the shortest?

_____

b) Multiply the longest line by 3. How long is it now?

_____

c) Multiply the shortest line by 5. How long is it now?

_____

Multiplying by 11 and 12

Mixed Problems

Name: Date:

Class: Teacher:

Mixed Questions

1) 9 × 4
2) 7 × 11
3) 3 × 2
4) 7 × 5
5) 10 × 2

6) 6 × 11
7) 7 × 2
8) 2 × 11
9) 4 × 10
10) 6 × 1

11) 9 × 1
12) 2 × 3
13) 1 × 11
14) 3 × 11
15) 4 × 8

16) 11 × 12
17) 11 × 11
18) 4 × 11
19) 8 × 6
20) 5 × 10

21) 5 × 11
22) 10 × 9
23) 4 × 7
24) 5 × 12
25) 10 × 4

26) 6 × 7
27) 8 × 11
28) 10 × 12
29) 6 × 3
30) 4 × 12

31) 6 × 2
32) 7 × 4
33) 9 × 12
34) 10 × 1
35) 6 × 5

36) 10 × 11
37) 6 × 12
38) 9 × 11
39) 8 × 12
40) 8 × 7

Score: /40

Mixed Problems

Mixed Questions 2

1) 12 × 12
2) 2 × 7
3) 11 × 12
4) 3 × 2
5) 3 × 12

6) 10 × 6
7) 9 × 12
8) 11 × 3
9) 5 × 12
10) 7 × 2

11) 11 × 10
12) 1 × 4
13) 5 × 7
14) 2 × 9
15) 12 × 11

16) 7 × 7
17) 2 × 12
18) 11 × 5
19) 9 × 11
20) 11 × 8

21) 11 × 4
22) 8 × 1
23) 10 × 10
24) 11 × 11
25) 10 × 11

26) 3 × 10
27) 7 × 12
28) 5 × 4
29) 6 × 1
30) 2 × 3

31) 12 × 10
32) 4 × 4
33) 7 × 3
34) 9 × 10
35) 8 × 5

36) 7 × 10
37) 7 × 4
38) 4 × 10
39) 8 × 10
40) 3 × 11

Score: /40

Mixed Problems

Mixed Questions 3

1) 10 × 1
2) 3 × 5
3) 8 × 8
4) 11 × 10
5) 3 × 12

6) 9 × 12
7) 8 × 11
8) 11 × 12
9) 10 × 11
10) 3 × 4

11) 2 × 5
12) 9 × 9
13) 11 × 2
14) 4 × 11
15) 2 × 7

16) 6 × 10
17) 11 × 7
18) 12 × 3
19) 6 × 2
20) 1 × 5

21) 11 × 1
22) 6 × 11
23) 10 × 7
24) 9 × 6
25) 2 × 10

26) 10 × 3
27) 12 × 11
28) 4 × 12
29) 7 × 3
30) 5 × 6

31) 2 × 12
32) 11 × 11
33) 5 × 10
34) 5 × 8
35) 10 × 6

36) 9 × 2
37) 8 × 9
38) 7 × 8
39) 12 × 10
40) 11 × 5

Score: /40

Mixed Problems

Mixed Questions 4

1) ___ × 11 = 66
2) 4 × ___ = 40
3) ___ × 12 = 60
4) ___ × 12 = 108
5) 7 × 7 = ___
6) 10 × 11 = ___
7) 1 × ___ = 3
8) 9 × ___ = 9
9) 8 × ___ = 16
10) 2 × 9 = ___
11) 11 × 12 = ___
12) ___ × 8 = 64
13) 2 × 5 = ___
14) 12 × ___ = 144
15) 11 × ___ = 22
16) 9 × 4 = ___
17) 3 × 11 = ___
18) ___ × 11 = 99
19) 9 × 10 = ___
20) ___ × 3 = 30
21) ___ × 11 = 55
22) ___ × 8 = 16
23) ___ × 3 = 12
24) ___ × 12 = 24
25) 4 × 5 = ___
26) 5 × ___ = 20
27) 10 × ___ = 20
28) ___ × 10 = 110
29) ___ × 7 = 77
30) 2 × 4 = ___

Score: ___ /30

Mixed Problems

Mixed Questions 5

1) 9 × 5 = ____
2) ____ × 11 = 55
3) ____ × 7 = 49
4) 9 × ____ = 99
5) 5 × 12 = ____
6) 5 × ____ = 35
7) 6 × ____ = 72
8) 6 × ____ = 36
9) ____ × 10 = 120
10) ____ × 11 = 121
11) 10 × ____ = 90
12) 7 × ____ = 56
13) ____ × 9 = 72
14) ____ × 7 = 70
15) 9 × 9 = ____
16) 5 × ____ = 40
17) 8 × 7 = ____
18) 7 × 11 = ____
19) 10 × 11 = ____
20) ____ × 11 = 66
21) 11 × ____ = 77
22) ____ × 8 = 64
23) 11 × ____ = 99
24) 11 × 10 = ____
25) 8 × 6 = ____
26) ____ × 10 = 90
27) ____ × 8 = 72
28) ____ × 10 = 60
29) 7 × 5 = ____
30) 7 × ____ = 84

Score: ____ /30

Mixed Problems

Mixed Questions 6

1) 12 × 11 = _____
2) _____ × 9 = 99
3) _____ × 12 = 132
4) 12 × _____ = 96
5) 11 × 7 = _____
6) 10 × _____ = 100
7) 11 × _____ = 121
8) 10 × _____ = 80
9) _____ × 10 = 110
10) _____ × 12 = 108
11) 9 × _____ = 54
12) 9 × _____ = 99
13) _____ × 9 = 90
14) _____ × 11 = 110
15) 11 × 6 = _____
16) 9 × _____ = 81
17) 9 × 8 = _____
18) 12 × 6 = _____
19) 10 × 7 = _____
20) _____ × 12 = 120
21) 11 × _____ = 88
22) _____ × 9 = 108
23) 12 × _____ = 144
24) 11 × 5 = _____
25) 9 × 7 = _____
26) _____ × 10 = 90
27) _____ × 7 = 84
28) _____ × 5 = 50
29) 10 × 6 = _____
30) 9 × _____ = 45

Score: _____ /30

Mixed Problems

Multiplication Patterns

Fill in the empty spaces starting from zero.

1) **Count by 12 from 0 to 108**

0				48		72			

2) **Count by 1 from 0 to 9**

		2	3						9

3) **Count by 6 from 0 to 54**

		12			36		48		

4) **Count by 8 from 0 to 72**

0		16						64	

5) **Count by 7 from 0 to 63**

0				28		42			

6) **Count by 4 from 0 to 36**

		8	12						36

7) **Count by 5 from 0 to 45**

						30	35	40	

8) **Count by 11 from 0 to 99**

					55		77		99

Score: /8

Mixed Problems

Multiplication Patterns 2

Fill in the empty spaces starting from zero.

1) **Count by 5 from 0 to 45**

	5					30			

2) **Count by 9 from 0 to 81**

0		18							

3) **Count by 10 from 0 to 90**

	10						70		

4) **Count by 2 from 0 to 18**

				8					18

5) **Count by 6 from 0 to 54**

	6							48	

6) **Count by 8 from 0 to 72**

								64	72

7) **Count by 1 from 0 to 9**

0								8	

8) **Count by 12 from 0 to 108**

						60	72		

Score: /8

Mixed Problems

Multiplication Patterns 3

Fill in the empty spaces starting from zero.

1) **Count by 7 from 0 to 63**

									63

2) **Count by 1 from 0 to 9**

			3						

3) **Count by 10 from 0 to 90**

				40					

4) **Count by 11 from 0 to 99**

									99

5) **Count by 2 from 0 to 18**

	2								

6) **Count by 4 from 0 to 36**

						24			

7) **Count by 8 from 0 to 72**

			24						

8) **Count by 6 from 0 to 54**

								48	

Score: /8

Mixed Problems

Multiplication Patterns 4

Fill in the empty spaces starting from zero.

1) **Count by 2 from 0 to 18**

2) **Count by 9 from 0 to 81**

3) **Count by 1 from 0 to 9**

4) **Count by 12 from 0 to 108**

5) **Count by 8 from 0 to 72**

6) **Count by 3 from 0 to 27**

7) **Count by 5 from 0 to 45**

8) **Count by 11 from 0 to 99**

Score: 18

Mixed Problems

Table Drill

Complete these multiplication tables.

1)

×	3	0	6	9	1
9					
5	15				
12					
7	21				
0					

2)

×	12	7	8	10	9
1					9
8					
3					
12	144				
9					

3)

×	3	10	6	1	7
3					
4					
0				0	
8					
9					63

4)

×	11	8	5	7	1
10					
2	22				
9					
4					
6			30		

Score: /4

Mixed Problems

Table Drill 2

Complete these multiplication tables.

1)

×	1	12	2	0	10
7					
11					
10	10				
6		72			
12					

2)

×	1	5	12	4	3
3		15			
7					
12					
0					
10	10				

3)

×	10	1	2	11	6
6					
9				99	
4	40				
2					
3					

4)

×	7	5	11	2	3
0					
6					18
9					
12					
1		5			

Score: /4

Mixed Problems

Table Drill 3

Complete these multiplication tables.

1)

×	10	7	1	9	3
2					
12					
6					
8					
5					

2)

×	7	8	9	0	12
8					
2					
1					
10					
4					

3)

×	5	6	10	8	1
4					
7					
5					
9					
2					

4)

×	3	5	1	8	12
9					
11					
7					
6					
12					

Score: /4

Mixed Problems

Input Output

Fill in the blanks and confirm the pattern.

1)

Input	Output
11	33
5	15
9	
10	

2)

Input	Output
9	54
1	6
4	
2	

3)

Input	Output
2	22
11	121
10	
3	

4)

Input	Output
10	40
7	28
5	
4	

5)

Input	Output
1	5
7	35
9	
12	

6)

Input	Output
9	81
12	108
5	
8	

Score: /6

Mixed Problems

Input Output 2

Fill in the blanks and confirm the pattern.

1)

Input	Output
1	6
11	66
7	
10	

2)

Input	Output
3	9
8	24
2	
9	

3)

Input	Output
8	96
1	12
9	
12	

4)

Input	Output
12	132
1	11
5	
4	

5)

Input	Output
12	120
8	80
9	
10	

6)

Input	Output
10	70
4	28
8	
3	

Score: /6

Mixed Problems

Multiplying Money

Solve these money problems in U.S. Dollars.

1) $8.00 × 4

2) $10.00 × 4

3) $7.00 × 10

4) $10.00 × 1

5) $3.00 × 4

6) $10.00 × 10

7) $1.00 × 10

8) $3.00 × 8

9) $2.00 × 4

10) $6.00 × 10

11) $4.00 × 1

12) $10.00 × 4

13) $5.00 × 6

14) $1.00 × 10

15) $10.00 × 7

Score: /15

Multiplying Money 2

Solve these money problems in British Pounds.

1) £2.00
  ×   6
  ———
  £12.00

2) £3.00
  ×   10
  ———

3) £4.00
  ×   4
  ———

4) £10.00
  ×   4
  ———

5) £10.00
  ×   5
  ———

6) £10.00
  ×   4
  ———

7) £10.00
  ×   10
  ———

8) £4.00
  ×   8
  ———

9) £5.00
  ×   2
  ———

10) £10.00
  ×   8
  ———

11) £10.00
  ×   4
  ———

12) £1.00
  ×   5
  ———

13) £7.00
  ×   8
  ———

14) £7.00
  ×   10
  ———

15) £1.00
  ×   8
  ———

Score: /15

Mixed Problems

Timed Tests

Name: _____ Date: _____

Class: _____ Teacher: _____

Test yourself each day to see how quickly and accurately you can do your times tables but, be wary, this chapter will get harder towards the end!

Timed Test 1

Time: Score: /50

1) 1×2
2) 4×0
3) 3×3
4) 5×6
5) 3×3
6) 2×6
7) 1×1
8) 2×1
9) 0×3
10) 6×5
11) 0×2
12) 4×4
13) 3×1
14) 3×6
15) 1×5
16) 3×4
17) 5×5
18) 5×1
19) 0×6
20) 4×5
21) 4×1
22) 4×6
23) 5×4
24) 2×3
25) 0×5
26) 6×6
27) 3×0
28) 6×3
29) 0×1
30) 3×2
31) 1×3
32) 1×4
33) 5×2
34) 0×4
35) 6×2
36) 6×1
37) 5×3
38) 1×6
39) 3×5
40) 2×1
41) 5×0
42) 4×3
43) 6×4
44) 2×4
45) 2×0
46) 2×5
47) 4×2
48) 6×0
49) 1×0
50) 2×2

Timed Test 2

Time: Score: /50

1) 2 × 2
2) 0 × 6
3) 6 × 2
4) 4 × 3
5) 4 × 6

6) 6 × 0
7) 5 × 6
8) 1 × 6
9) 2 × 4
10) 0 × 4

11) 4 × 0
12) 6 × 1
13) 6 × 4
14) 1 × 5
15) 5 × 3

16) 1 × 1
17) 4 × 5
18) 0 × 3
19) 4 × 4
20) 2 × 6

21) 5 × 5
22) 2 × 0
23) 6 × 5
24) 3 × 1
25) 1 × 0

26) 1 × 5
27) 1 × 4
28) 3 × 2
29) 0 × 2
30) 1 × 2

31) 1 × 3
32) 0 × 5
33) 2 × 3
34) 4 × 2
35) 3 × 3

36) 5 × 0
37) 3 × 4
38) 3 × 5
39) 2 × 1
40) 5 × 4

41) 5 × 2
42) 4 × 1
43) 0 × 1
44) 6 × 3
45) 2 × 5

46) 0 × 0
47) 3 × 0
48) 6 × 6
49) 3 × 6
50) 5 × 1

Timed Tests

Timed Test 3

Time: Score: /50

1) 1×6
2) 4×6
3) 1×5
4) 4×2
5) 5×5
6) 2×3
7) 5×2
8) 0×6
9) 6×5
10) 0×0
11) 6×3
12) 6×6
13) 2×5
14) 1×4
15) 4×5
16) 6×1
17) 1×3
18) 3×5
19) 2×4
20) 4×4
21) 5×4
22) 3×2
23) 3×4
24) 1×2
25) 4×3
26) 6×2
27) 0×3
28) 3×6
29) 2×2
30) 0×1
31) 2×0
32) 2×6
33) 6×4
34) 4×0
35) 5×3
36) 3×3
37) 2×1
38) 0×1
39) 5×0
40) 3×0
41) 1×0
42) 4×1
43) 3×1
44) 1×1
45) 0×4
46) 5×1
47) 0×2
48) 0×5
49) 5×6
50) 3×1

Timed Test 4

Time: Score: /50

1) 6 × 5
2) 4 × 6
3) 8 × 5
4) 9 × 5
5) 4 × 1
6) 5 × 3
7) 6 × 6
8) 8 × 1
9) 4 × 2
10) 7 × 2
11) 5 × 6
12) 9 × 3
13) 4 × 5
14) 7 × 1
15) 7 × 3
16) 8 × 0
17) 6 × 2
18) 8 × 4
19) 9 × 0
20) 4 × 0
21) 8 × 3
22) 9 × 4
23) 6 × 1
24) 6 × 5
25) 5 × 0
26) 8 × 2
27) 6 × 3
28) 7 × 0
29) 4 × 4
30) 9 × 4
31) 9 × 1
32) 7 × 4
33) 8 × 6
34) 6 × 0
35) 6 × 4
36) 5 × 0
37) 5 × 6
38) 4 × 5
39) 9 × 6
40) 7 × 5
41) 5 × 2
42) 8 × 2
43) 5 × 5
44) 7 × 6
45) 8 × 1
46) 6 × 2
47) 4 × 3
48) 5 × 1
49) 5 × 4
50) 9 × 2

Timed Test 5

Time: Score: /50

1) 1 × 4
2) 0 × 8
3) 5 × 7
4) 1 × 6
5) 3 × 9

6) 4 × 9
7) 6 × 8
8) 1 × 8
9) 4 × 4
10) 2 × 7

11) 5 × 4
12) 1 × 7
13) 3 × 7
14) 4 × 8
15) 4 × 6

16) 3 × 5
17) 6 × 7
18) 6 × 6
19) 1 × 5
20) 5 × 5

21) 3 × 8
22) 5 × 9
23) 5 × 8
24) 2 × 9
25) 2 × 6

26) 0 × 7
27) 2 × 5
28) 3 × 6
29) 3 × 4
30) 0 × 4

31) 2 × 4
32) 6 × 9
33) 6 × 4
34) 2 × 8
35) 4 × 7

36) 4 × 5
37) 0 × 6
38) 5 × 6
39) 1 × 9
40) 5 × 4

41) 0 × 9
42) 6 × 5
43) 2 × 6
44) 2 × 6
45) 0 × 5

46) 3 × 5
47) 4 × 7
48) 4 × 5
49) 0 × 4
50) 1 × 5

Timed Test 6

Time: Score: /50

1) 3 × 3
2) 3 × 1
3) 6 × 9
4) 3 × 9
5) 6 × 3

6) 4 × 3
7) 7 × 8
8) 7 × 1
9) 2 × 4
10) 4 × 7

11) 6 × 1
12) 5 × 5
13) 4 × 1
14) 5 × 7
15) 2 × 8

16) 7 × 4
17) 6 × 8
18) 8 × 4
19) 6 × 4
20) 2 × 1

21) 7 × 5
22) 1 × 8
23) 8 × 3
24) 4 × 8
25) 7 × 7

26) 1 × 1
27) 2 × 7
28) 7 × 9
29) 8 × 6
30) 3 × 8

31) 8 × 8
32) 6 × 7
33) 2 × 2
34) 1 × 2
35) 3 × 2

36) 4 × 5
37) 2 × 5
38) 5 × 8
39) 2 × 6
40) 6 × 5

41) 4 × 9
42) 5 × 9
43) 4 × 4
44) 3 × 4
45) 8 × 1

46) 3 × 5
47) 5 × 6
48) 9 × 5
49) 3 × 7
50) 8 × 2

Timed Tests

Timed Test 7

Time: Score: /50

1) 10 × 4
2) 9 × 4
3) 9 × 3
4) 5 × 3
5) 3 × 12

6) 10 × 0
7) 8 × 5
8) 2 × 9
9) 5 × 4
10) 1 × 6

11) 7 × 2
12) 5 × 6
13) 6 × 3
14) 4 × 9
15) 3 × 9

16) 10 × 11
17) 1 × 5
18) 8 × 7
19) 1 × 2
20) 3 × 8

21) 5 × 9
22) 1 × 3
23) 3 × 11
24) 6 × 4
25) 7 × 9

26) 5 × 7
27) 3 × 7
28) 11 × 3
29) 10 × 5
30) 11 × 8

31) 12 × 6
32) 1 × 11
33) 12 × 3
34) 8 × 8
35) 8 × 3

36) 1 × 9
37) 0 × 8
38) 0 × 5
39) 2 × 1
40) 7 × 6

41) 7 × 11
42) 4 × 10
43) 8 × 9
44) 10 × 8
45) 8 × 2

46) 3 × 10
47) 8 × 12
48) 6 × 5
49) 7 × 4
50) 9 × 7

Timed Test 8

Time: Score: /50

1) 11 × 2
2) 10 × 1
3) 11 × 4
4) 7 × 12
5) 10 × 0
6) 5 × 7
7) 5 × 6
8) 8 × 5
9) 9 × 6
10) 12 × 6
11) 5 × 10
12) 8 × 6
13) 9 × 10
14) 6 × 6
15) 9 × 0
16) 8 × 8
17) 5 × 12
18) 5 × 3
19) 11 × 10
20) 9 × 3
21) 7 × 10
22) 7 × 7
23) 11 × 9
24) 10 × 9
25) 7 × 2
26) 5 × 1
27) 8 × 11
28) 5 × 2
29) 8 × 12
30) 6 × 5
31) 12 × 9
32) 6 × 2
33) 10 × 10
34) 6 × 1
35) 10 × 11
36) 12 × 11
37) 8 × 1
38) 8 × 7
39) 8 × 3
40) 9 × 5
41) 7 × 3
42) 10 × 12
43) 12 × 1
44) 9 × 12
45) 6 × 7
46) 11 × 11
47) 12 × 7
48) 7 × 5
49) 9 × 1
50) 10 × 3

Timed Tests

Timed Test 9

Time: Score: /50

1) 10 × 8
2) 4 × 10
3) 11 × 8
4) 10 × 7
5) 2 × 8

6) 5 × 6
7) 8 × 7
8) 5 × 10
9) 5 × 11
10) 10 × 5

11) 12 × 6
12) 6 × 8
13) 1 × 7
14) 2 × 10
15) 11 × 7

16) 5 × 7
17) 2 × 9
18) 7 × 12
19) 3 × 11
20) 4 × 6

21) 10 × 9
22) 7 × 10
23) 7 × 6
24) 10 × 11
25) 5 × 9

26) 1 × 8
27) 6 × 5
28) 9 × 11
29) 3 × 5
30) 8 × 8

31) 8 × 12
32) 8 × 11
33) 3 × 12
34) 5 × 12
35) 1 × 10

36) 3 × 6
37) 6 × 7
38) 3 × 8
39) 9 × 10
40) 10 × 10

41) 7 × 11
42) 0 × 7
43) 1 × 6
44) 9 × 9
45) 4 × 11

46) 2 × 11
47) 0 × 10
48) 3 × 7
49) 7 × 9
50) 3 × 10

Timed Test 10

Time: Score: /50

1) 11 × 7
2) 11 × 6
3) 12 × 7
4) 8 × 9
5) 11 × 10

6) 9 × 10
7) 10 × 12
8) 11 × 12
9) 7 × 12
10) 8 × 11

11) 10 × 9
12) 8 × 10
13) 8 × 7
14) 7 × 7
15) 11 × 8

16) 10 × 7
17) 7 × 6
18) 12 × 9
19) 10 × 10
20) 7 × 11

21) 9 × 7
22) 10 × 8
23) 9 × 11
24) 9 × 9
25) 10 × 11

26) 12 × 10
27) 12 × 8
28) 9 × 12
29) 9 × 8
30) 8 × 12

31) 9 × 6
32) 8 × 6
33) 7 × 8
34) 7 × 9
35) 12 × 12

36) 8 × 8
37) 11 × 9
38) 12 × 11
39) 11 × 11
40) 12 × 6

41) 9 × 10
42) 10 × 6
43) 9 × 8
44) 7 × 10
45) 11 × 7

46) 12 × 10
47) 12 × 8
48) 7 × 10
49) 7 × 9
50) 12 × 9

Timed Tests

Timed Test 11

Time: Score: /50

1) 11 × 10
2) 3 × 7
3) 8 × 6
4) 2 × 10
5) 7 × 10
6) 5 × 10
7) 11 × 7
8) 10 × 7
9) 2 × 11
10) 6 × 10
11) 4 × 10
12) 5 × 7
13) 8 × 10
14) 6 × 11
15) 1 × 12
16) 11 × 8
17) 4 × 11
18) 6 × 8
19) 6 × 9
20) 0 × 7
21) 9 × 11
22) 12 × 10
23) 10 × 9
24) 8 × 12
25) 8 × 9
26) 8 × 7
27) 3 × 12
28) 7 × 12
29) 7 × 8
30) 3 × 6
31) 9 × 10
32) 10 × 8
33) 11 × 9
34) 2 × 9
35) 4 × 12
36) 7 × 11
37) 3 × 8
38) 11 × 6
39) 3 × 9
40) 11 × 12
41) 2 × 8
42) 5 × 9
43) 7 × 9
44) 2 × 7
45) 9 × 8
46) 4 × 7
47) 10 × 11
48) 2 × 12
49) 12 × 9
50) 0 × 8

Timed Test 12

Time: Score: /50

1) 9 × 12
2) 10 × 0
3) 9 × 9
4) 8 × 2
5) 10 × 10

6) 12 × 12
7) 11 × 9
8) 10 × 4
9) 8 × 8
10) 11 × 11

11) 7 × 9
12) 11 × 6
13) 12 × 2
14) 8 × 6
15) 11 × 1

16) 8 × 4
17) 9 × 4
18) 7 × 10
19) 9 × 1
20) 9 × 11

21) 9 × 6
22) 9 × 8
23) 10 × 7
24) 8 × 10
25) 11 × 5

26) 11 × 8
27) 9 × 5
28) 10 × 5
29) 8 × 3
30) 9 × 2

31) 8 × 5
32) 11 × 7
33) 7 × 12
34) 9 × 10
35) 10 × 11

36) 7 × 5
37) 12 × 11
38) 8 × 9
39) 11 × 4
40) 10 × 2

41) 9 × 0
42) 8 × 12
43) 12 × 9
44) 9 × 3
45) 10 × 6

46) 8 × 0
47) 7 × 8
48) 7 × 4
49) 10 × 9
50) 9 × 7

Timed Test 13

Time: Score: /50

1) 7 × 10
2) 9 × 11
3) 10 × 0
4) 9 × 8
5) 8 × 10
6) 11 × 3
7) 11 × 7
8) 11 × 6
9) 10 × 3
10) 8 × 2
11) 9 × 3
12) 9 × 9
13) 10 × 9
14) 12 × 12
15) 10 × 1
16) 9 × 10
17) 11 × 2
18) 11 × 9
19) 11 × 10
20) 12 × 4
21) 8 × 4
22) 12 × 8
23) 8 × 3
24) 7 × 1
25) 9 × 4
26) 9 × 5
27) 8 × 1
28) 7 × 9
29) 10 × 4
30) 9 × 1
31) 8 × 8
32) 12 × 1
33) 11 × 4
34) 12 × 9
35) 11 × 1
36) 7 × 2
37) 10 × 11
38) 10 × 8
39) 9 × 2
40) 7 × 5
41) 12 × 5
42) 11 × 0
43) 7 × 8
44) 11 × 12
45) 10 × 10
46) 8 × 11
47) 8 × 7
48) 10 × 7
49) 12 × 2
50) 9 × 7

Timed Tests

Timed Test 14

Time: Score: /50

1) 8 × 4
2) 11 × 2
3) 3 × 3
4) 8 × 0
5) 11 × 4
6) 4 × 8
7) 1 × 1
8) 9 × 3
9) 9 × 12
10) 11 × 5
11) 9 × 9
12) 3 × 11
13) 11 × 12
14) 1 × 5
15) 12 × 11
16) 0 × 4
17) 5 × 9
18) 12 × 6
19) 3 × 7
20) 0 × 9
21) 2 × 1
22) 1 × 3
23) 6 × 4
24) 2 × 8
25) 1 × 10
26) 1 × 8
27) 4 × 3
28) 7 × 3
29) 11 × 6
30) 4 × 5
31) 8 × 7
32) 12 × 2
33) 3 × 8
34) 7 × 0
35) 5 × 7
36) 10 × 5
37) 3 × 2
38) 9 × 5
39) 2 × 9
40) 7 × 11
41) 4 × 4
42) 9 × 8
43) 7 × 10
44) 4 × 10
45) 10 × 12
46) 8 × 2
47) 0 × 11
48) 10 × 9
49) 10 × 6
50) 8 × 3

Timed Test 15

Time: Score: /50

1) 8 × 10
2) 10 × 10
3) 6 × 11
4) 8 × 12
5) 1 × 1
6) 0 × 3
7) 1 × 2
8) 2 × 3
9) 11 × 0
10) 5 × 8
11) 3 × 6
12) 3 × 7
13) 8 × 8
14) 0 × 8
15) 1 × 6
16) 1 × 10
17) 2 × 8
18) 8 × 7
19) 10 × 2
20) 11 × 3
21) 11 × 8
22) 3 × 1
23) 9 × 11
24) 4 × 10
25) 10 × 6
26) 10 × 9
27) 8 × 2
28) 7 × 2
29) 2 × 10
30) 10 × 8
31) 11 × 2
32) 1 × 5
33) 6 × 7
34) 5 × 9
35) 2 × 1
36) 10 × 7
37) 3 × 2
38) 8 × 5
39) 4 × 3
40) 11 × 4
41) 12 × 6
42) 5 × 10
43) 2 × 7
44) 9 × 7
45) 2 × 9
46) 5 × 1
47) 4 × 9
48) 12 × 1
49) 11 × 5
50) 4 × 4

Timed Tests

ANSWERS

Multiplying by 0

1) 11 × 0 = 0
2) 10 × 0 = 0
3) 3 × 0 = 0
4) 7 × 0 = 0
5) 12 × 0 = 0
6) 4 × 0 = 0
7) 0 × 0 = 0
8) 6 × 0 = 0
9) 5 × 0 = 0
10) 1 × 0 = 0
11) 0 × 4 = 0
12) 0 × 11 = 0
13) 0 × 10 = 0
14) 0 × 9 = 0
15) 0 × 12 = 0
16) 0 × 6 = 0
17) 0 × 5 = 0
18) 0 × 3 = 0
19) 0 × 1 = 0
20) 0 × 2 = 0

Multiplying by 1 and 2: Part 1

1) 2 × 12 = 24
2) 1 × 6 = 6
3) 2 × 11 = 22
4) 1 × 2 = 2
5) 1 × 9 = 9
6) 2 × 5 = 10
7) 1 × 11 = 11
8) 1 × 5 = 5
9) 1 × 7 = 7
10) 1 × 3 = 3
11) 2 × 6 = 12
12) 1 × 10 = 10
13) 1 × 4 = 4
14) 2 × 10 = 20
15) 1 × 8 = 8
16) 2 × 8 = 16
17) 2 × 3 = 6
18) 2 × 2 = 4
19) 2 × 7 = 14
20) 2 × 4 = 8
21) 2 × 9 = 18
22) 1 × 12 = 12
23) 2 × 1 = 2
24) 1 × 1 = 1
25) 1 × 4 = 4
26) 2 × 10 = 20
27) 2 × 9 = 18
28) 1 × 12 = 12
29) 1 × 7 = 7
30) 1 × 11 = 11
31) 2 × 2 = 4
32) 2 × 6 = 12
33) 2 × 12 = 24
34) 2 × 6 = 12
35) 2 × 5 = 10
36) 2 × 3 = 6
37) 2 × 3 = 6
38) 1 × 11 = 11
39) 2 × 11 = 22
40) 1 × 10 = 10

Multiplying by 1 and 2: Part 2

1) 4 × 1 = 4
2) 11 × 2 = 22
3) 4 × 2 = 8
4) 8 × 2 = 16
5) 12 × 2 = 24
6) 5 × 2 = 10
7) 6 × 2 = 12
8) 10 × 1 = 10
9) 5 × 1 = 5
10) 9 × 1 = 9
11) 11 × 1 = 11
12) 2 × 2 = 4
13) 2 × 1 = 2
14) 9 × 2 = 18
15) 8 × 1 = 8
16) 7 × 2 = 14
17) 10 × 2 = 20
18) 3 × 1 = 3
19) 12 × 1 = 12
20) 7 × 1 = 7
21) 6 × 1 = 6
22) 3 × 2 = 6
23) 1 × 1 = 1
24) 1 × 2 = 2
25) 11 × 1 = 11
26) 9 × 1 = 9
27) 11 × 2 = 22
28) 2 × 2 = 4
29) 10 × 1 = 10
30) 10 × 1 = 10
31) 7 × 2 = 14
32) 11 × 2 = 22
33) 9 × 2 = 18
34) 6 × 1 = 6
35) 9 × 2 = 18
36) 8 × 2 = 16
37) 2 × 1 = 2
38) 12 × 1 = 12
39) 7 × 1 = 7
40) 9 × 1 = 9

Multiplying by 1 and 2: Bullseye

1) Inner ring (× 1): 12, 11, 7, 8, 5, 1, 10, 4, 3, 6 ; Outer ring: 12, 11, 7, 8, 5, 1, 10, 4, 3, 6

2) Inner ring (× 2): 10, 5, 8, 2, 7, 3, 4, 9, 12 ; Outer ring: 20, 10, 16, 22, 4, 14, 6, 8, 18, 24

3) Inner ring (× 1): 11, 10, 8, 6, 9, 1, 3, 7, 12, 4 ; Outer ring: 11, 10, 8, 6, 9, 1, 3, 7, 12, 4

4) Inner ring (× 2): 6, 12, 3, 1, 4, 5, 2, 10, 11, 8 ; Outer ring: 16, 12, 24, 6, 2, 8, 4, 10, 20, 22

Multiplying by 1 and 2: Match Ups

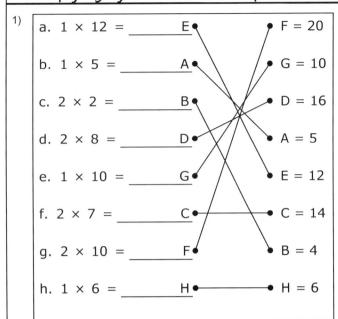

1)
- a. 1 × 12 = E
- b. 1 × 5 = A
- c. 2 × 2 = B
- d. 2 × 8 = D
- e. 1 × 10 = G
- f. 2 × 7 = C
- g. 2 × 10 = F
- h. 1 × 6 = H

- F = 20
- G = 10
- D = 16
- A = 5
- E = 12
- C = 14
- B = 4
- H = 6

Multiplying by 1 and 2: Number Bonds

1) 1 × 9 = 9
2) 2 × 3 = 6
3) 2 × 4 = 8
4) 1 × 4 = 4
5) 1 × 12 = 12
6) 1 × 10 = 10
7) 2 × 6 = 12
8) 1 × 11 = 11
9) 2 × 12 = 24
10) 1 × 8 = 8
11) 2 × 11 = 22
12) 2 × 10 = 20
13) 1 × 6 = 6
14) 2 × 7 = 14
15) 2 × 5 = 10
16) 1 × 1 = 1
17) 1 × 5 = 5
18) 1 × 7 = 7
19) 2 × 1 = 2
20) 2 × 8 = 16

Multiplying by 1 and 2: Word Problems

1) 16
2) 14
3) 8
4) 12
5) 20

Multiplying by 3 and 4: Part 1

1) 4 × 10 = 40
2) 3 × 12 = 36
3) 3 × 6 = 18
4) 4 × 6 = 24
5) 4 × 12 = 48
6) 3 × 2 = 6
7) 3 × 9 = 27
8) 3 × 11 = 33
9) 4 × 11 = 44
10) 3 × 7 = 21
11) 3 × 1 = 3
12) 4 × 7 = 28
13) 4 × 2 = 8
14) 4 × 8 = 32
15) 3 × 4 = 12
16) 4 × 4 = 16
17) 4 × 9 = 36
18) 3 × 8 = 24
19) 3 × 3 = 9
20) 4 × 3 = 12
21) 3 × 10 = 30
22) 3 × 5 = 15
23) 4 × 5 = 20
24) 4 × 1 = 4
25) 3 × 5 = 15
26) 3 × 11 = 33
27) 4 × 11 = 44
28) 3 × 9 = 27
29) 3 × 10 = 30
30) 3 × 5 = 15
31) 4 × 4 = 16
32) 3 × 8 = 24
33) 4 × 10 = 40
34) 3 × 11 = 33
35) 4 × 7 = 28
36) 3 × 11 = 33
37) 3 × 1 = 3
38) 4 × 1 = 4
39) 4 × 6 = 24
40) 3 × 10 = 30

Multiplying by 3 and 4: Part 2

1) 11 × 3 = 33
2) 3 × 3 = 9
3) 7 × 3 = 21
4) 9 × 4 = 36
5) 5 × 4 = 20
6) 2 × 4 = 8
7) 4 × 3 = 12
8) 11 × 4 = 44
9) 9 × 3 = 27
10) 8 × 4 = 32
11) 6 × 4 = 24
12) 10 × 3 = 30
13) 8 × 3 = 24
14) 12 × 3 = 36
15) 4 × 4 = 16
16) 10 × 4 = 40
17) 12 × 4 = 48
18) 2 × 3 = 6
19) 5 × 3 = 15
20) 3 × 4 = 12
21) 6 × 3 = 18
22) 7 × 4 = 28
23) 1 × 4 = 4
24) 1 × 3 = 3
25) 6 × 4 = 24
26) 3 × 3 = 9
27) 6 × 3 = 18
28) 4 × 4 = 16
29) 10 × 3 = 30
30) 4 × 4 = 16
31) 3 × 4 = 12
32) 5 × 3 = 15
33) 9 × 4 = 36
34) 6 × 3 = 18
35) 10 × 3 = 30
36) 7 × 4 = 28
37) 10 × 4 = 40
38) 8 × 3 = 24
39) 8 × 4 = 32
40) 7 × 3 = 21

Multiplying by 3 and 4: Number Bonds

1) 4 × 11 = 44 2) 4 × 3 = 12 3) 3 × 11 = 33
4) 4 × 12 = 48 5) 3 × 10 = 30 6) 3 × 2 = 6
7) 4 × 8 = 32 8) 3 × 12 = 36 9) 3 × 8 = 24
10) 3 × 4 = 12 11) 4 × 10 = 40 12) 3 × 5 = 15
13) 4 × 4 = 16 14) 4 × 2 = 8 15) 4 × 7 = 28
16) 3 × 7 = 21 17) 3 × 6 = 18 18) 4 × 9 = 36
19) 4 × 6 = 24 20) 3 × 3 = 9 21) 3 × 1 = 3
22) 4 × 1 = 4 23) 4 × 5 = 20 24) 3 × 9 = 27
25) 4 × 8 = 32 26) 4 × 11 = 44 27) 3 × 6 = 18
28) 4 × 1 = 4 29) 3 × 10 = 30 30) 4 × 4 = 16

Right or wrong?

The following sums are incorrect:
2 x 1 = 4
4 x 4 = 12
2 x 4 = 6
2 x 2 = 2

Multiplying Toucans

8 toucans.

Multiplying by 3 and 4: Jigsaws

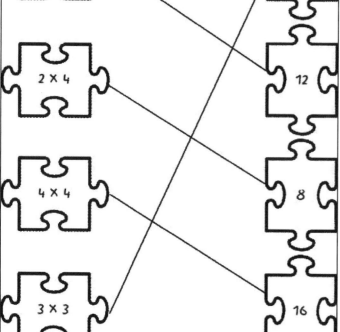

Multiplying by 5 and 6: Part 1

1) 5 × 5 = 25 2) 6 × 4 = 24 3) 6 × 7 = 42 4) 5 × 6 = 30 5) 6 × 11 = 66
6) 6 × 12 = 72 7) 6 × 3 = 18 8) 5 × 2 = 10 9) 6 × 5 = 30 10) 5 × 11 = 55
11) 6 × 2 = 12 12) 6 × 6 = 36 13) 5 × 10 = 50 14) 6 × 10 = 60 15) 5 × 3 = 15
16) 5 × 12 = 60 17) 6 × 8 = 48 18) 5 × 8 = 40 19) 6 × 1 = 6 20) 5 × 1 = 5
21) 5 × 4 = 20 22) 6 × 9 = 54 23) 5 × 7 = 35 24) 5 × 9 = 45 25) 5 × 6 = 30
26) 5 × 6 = 30 27) 6 × 11 = 66 28) 5 × 7 = 35 29) 5 × 12 = 60 30) 6 × 11 = 66
31) 6 × 11 = 66 32) 6 × 11 = 66 33) 6 × 7 = 42 34) 6 × 12 = 72 35) 5 × 12 = 60
36) 6 × 5 = 30 37) 5 × 12 = 60 38) 6 × 5 = 30 39) 6 × 8 = 48 40) 6 × 11 = 66

Multiplying by 5 and 6: Part 2

1) 8 × 6 = 48 2) 12 × 5 = 60 3) 9 × 5 = 45 4) 3 × 5 = 15 5) 7 × 6 = 42
6) 11 × 5 = 55 7) 2 × 5 = 10 8) 5 × 6 = 30 9) 6 × 5 = 30 10) 8 × 5 = 40
11) 10 × 5 = 50 12) 1 × 6 = 6 13) 3 × 6 = 18 14) 4 × 6 = 24 15) 4 × 5 = 20
16) 1 × 5 = 5 17) 2 × 6 = 12 18) 7 × 5 = 35 19) 9 × 6 = 54 20) 6 × 6 = 36
21) 10 × 6 = 60 22) 5 × 5 = 25 23) 11 × 6 = 66 24) 12 × 6 = 72 25) 7 × 6 = 42
26) 5 × 5 = 25 27) 12 × 5 = 60 28) 6 × 6 = 36 29) 10 × 5 = 50 30) 2 × 5 = 10
31) 8 × 5 = 40 32) 6 × 6 = 36 33) 6 × 5 = 30 34) 3 × 6 = 18 35) 3 × 5 = 15
36) 12 × 6 = 72 37) 10 × 6 = 60 38) 9 × 5 = 45 39) 10 × 6 = 60 40) 2 × 6 = 12

Multiplying by 5 and 6: Bullseye

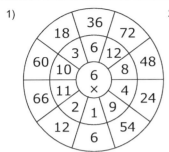
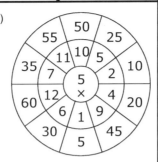
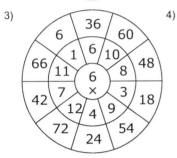
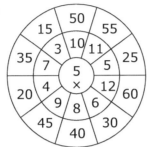

Multiplying by 5 and 6: Match Ups

1)
- a. 6 × 12 = ___ E
- b. 5 × 5 = ___ D
- c. 5 × 3 = ___ C
- d. 6 × 8 = ___ H
- e. 5 × 13 = ___ F
- f. 6 × 4 = ___ G
- g. 5 × 8 = ___ A
- h. 5 × 10 = ___ B

- G = 24
- A = 40
- F = 65
- H = 48
- E = 72
- D = 25
- C = 15
- B = 50

Multiplying by 5 and 6: Number Bonds

1) 5 × 5 = 25
2) 6 × 11 = 66
3) 6 × 9 = 54
4) 6 × 5 = 30
5) 5 × 8 = 40
6) 5 × 11 = 55
7) 5 × 1 = 5
8) 5 × 7 = 35
9) 6 × 2 = 12
10) 5 × 9 = 45
11) 6 × 7 = 42
12) 6 × 8 = 48
13) 5 × 2 = 10
14) 6 × 6 = 36
15) 5 × 3 = 15
16) 5 × 10 = 50
17) 6 × 12 = 72
18) 6 × 4 = 24
19) 5 × 4 = 20
20) 6 × 3 = 18

Multiplying by 5 and 6: Word Problems

1) 36, 2) 24, 3) 72, 4) 54, 5) 48

Multiplying by 7 and 8: Part 1

1) 7 × 11 = 77
2) 7 × 9 = 63
3) 8 × 7 = 56
4) 8 × 11 = 88
5) 8 × 10 = 80
6) 7 × 12 = 84
7) 8 × 3 = 24
8) 8 × 4 = 32
9) 7 × 6 = 42
10) 7 × 10 = 70
11) 8 × 9 = 72
12) 7 × 8 = 56
13) 8 × 5 = 40
14) 7 × 3 = 21
15) 8 × 12 = 96
16) 8 × 8 = 64
17) 8 × 6 = 48
18) 7 × 4 = 28
19) 7 × 2 = 14
20) 7 × 5 = 35
21) 7 × 1 = 7
22) 8 × 1 = 8
23) 7 × 7 = 49
24) 8 × 2 = 16
25) 8 × 11 = 88
26) 8 × 10 = 80
27) 8 × 10 = 80
28) 7 × 12 = 84
29) 7 × 4 = 28
30) 7 × 4 = 28
31) 7 × 8 = 56
32) 8 × 8 = 64
33) 7 × 8 = 56
34) 8 × 10 = 80
35) 7 × 11 = 77
36) 8 × 5 = 40
37) 7 × 12 = 84
38) 8 × 7 = 56
39) 8 × 1 = 8
40) 8 × 3 = 24

Multiplying by 7 and 8: Part 2

1) 3 × 8 = 24
2) 7 × 8 = 56
3) 8 × 7 = 56
4) 6 × 7 = 42
5) 2 × 7 = 14
6) 11 × 8 = 88
7) 9 × 7 = 63
8) 10 × 8 = 80
9) 12 × 8 = 96
10) 7 × 7 = 49
11) 6 × 8 = 48
12) 5 × 8 = 40
13) 9 × 8 = 72
14) 2 × 8 = 16
15) 5 × 7 = 35
16) 10 × 7 = 70
17) 1 × 7 = 7
18) 1 × 8 = 8
19) 4 × 8 = 32
20) 3 × 7 = 21
21) 11 × 7 = 77
22) 8 × 8 = 64
23) 4 × 7 = 28
24) 12 × 7 = 84
25) 11 × 8 = 88
26) 9 × 8 = 72
27) 4 × 8 = 32
28) 6 × 7 = 42
29) 7 × 8 = 56
30) 5 × 8 = 40
31) 1 × 8 = 8
32) 8 × 8 = 64
33) 8 × 7 = 56
34) 9 × 7 = 63
35) 4 × 7 = 28
36) 4 × 7 = 28
37) 6 × 8 = 48
38) 11 × 7 = 77
39) 5 × 8 = 40
40) 4 × 7 = 28

Multiplying by 7 and 8: Number Bonds

1) 8 × _1_ = 8
2) 8 × _2_ = 16
3) 8 × _4_ = 32
4) 7 × _11_ = 77
5) 7 × 8 = _56_
6) 8 × 9 = _72_
7) 7 × 10 = _70_
8) 7 × _1_ = 7
9) 7 × 7 = _49_
10) 7 × 9 = _63_
11) 7 × 5 = _35_
12) 8 × _6_ = 48
13) 8 × _10_ = 80
14) 8 × _7_ = 56
15) 7 × 4 = _28_
16) 8 × _12_ = 96
17) 7 × 6 = _42_
18) 8 × _5_ = 40
19) 7 × 2 = _14_
20) 7 × _3_ = 21
21) 8 × 11 = _88_
22) 8 × _3_ = 24
23) 8 × 8 = _64_
24) 7 × _12_ = 84
25) 8 × 2 = _16_
26) 7 × _10_ = 70
27) 8 × 4 = _32_
28) 8 × 4 = _32_
29) 7 × _3_ = 21
30) 7 × _9_ = 63

Right or wrong?

The following sums are incorrect:
8 × 7 = 57
7 × 5 = 28
5 × 7 = 49
9 × 3 = 24

Multiplying by 7 and 8: The Maze!

From the left:

7 × 4 = 28
7 × 1 = 7
8 × 2 = 16
5 × 8 = 40
6 × 7 = 42
3 × 8 = 24
7 × 9 = 63
8 × 10 = 80

Puzzle: The Tree

Possible Sums:

6 × 4 = 24
8 × 3 = 24

Multiplying by 9 and 10: Part 1

1) 9 × 11 = 99
2) 9 × 2 = 18
3) 10 × 8 = 80
4) 10 × 3 = 30
5) 10 × 1 = 10
6) 9 × 6 = 54
7) 9 × 10 = 90
8) 9 × 3 = 27
9) 9 × 8 = 72
10) 10 × 9 = 90
11) 10 × 11 = 110
12) 10 × 10 = 100
13) 10 × 12 = 120
14) 9 × 12 = 108
15) 9 × 9 = 81
16) 10 × 5 = 50
17) 9 × 4 = 36
18) 9 × 7 = 63
19) 9 × 5 = 45
20) 10 × 4 = 40
21) 9 × 1 = 9
22) 10 × 6 = 60
23) 10 × 7 = 70
24) 10 × 2 = 20
25) 10 × 12 = 120
26) 10 × 2 = 20
27) 10 × 4 = 40
28) 9 × 11 = 99
29) 9 × 1 = 9
30) 10 × 2 = 20
31) 10 × 11 = 110
32) 10 × 5 = 50
33) 9 × 7 = 63
34) 9 × 11 = 99
35) 9 × 3 = 27
36) 9 × 8 = 72
37) 9 × 5 = 45
38) 9 × 6 = 54
39) 9 × 12 = 108
40) 9 × 5 = 45

Multiplying by 9 and 10: Part 2

1) 10 × 8 = 80
2) 9 × 9 = 81
3) 9 × 8 = 72
4) 10 × 9 = 90
5) 9 × 9 = 81
6) 10 × 9 = 90
7) 9 × 8 = 72
8) 9 × 8 = 72
9) 10 × 8 = 80
10) 9 × 8 = 72
11) 10 × 8 = 80
12) 9 × 9 = 81
13) 10 × 8 = 80
14) 9 × 9 = 81
15) 9 × 8 = 72
16) 10 × 8 = 80
17) 10 × 9 = 90
18) 9 × 9 = 81
19) 9 × 9 = 81
20) 10 × 9 = 90
21) 9 × 9 = 81
22) 9 × 9 = 81
23) 9 × 8 = 72
24) 9 × 9 = 81
25) 10 × 9 = 90
26) 9 × 8 = 72
27) 10 × 9 = 90
28) 10 × 9 = 90
29) 9 × 8 = 72
30) 9 × 9 = 81
31) 10 × 8 = 80
32) 10 × 9 = 90
33) 10 × 8 = 80
34) 9 × 9 = 81
35) 9 × 8 = 72
36) 10 × 8 = 80
37) 10 × 8 = 80
38) 9 × 8 = 72
39) 10 × 8 = 80
40) 10 × 8 = 80

Multiplying by 9 and 10: Bullseye

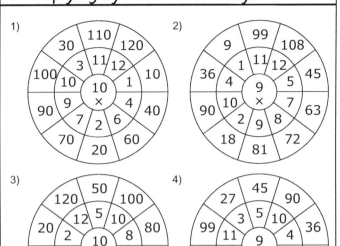

Multiplying by 9 and 10: Match Ups

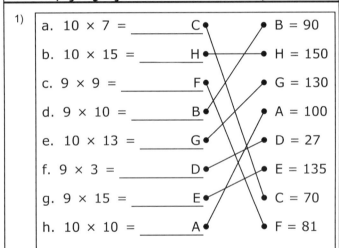

Multiplying by 9 and 10: Number Bonds

1) 9 × 2 = 18	2) 9 × 1 = 9	3) 9 × 7 = 63	4) 9 × 10 = 90	5) 10 × 10 = 100
6) 9 × 8 = 72	7) 10 × 11 = 110	8) 10 × 9 = 90	9) 9 × 5 = 45	10) 9 × 9 = 81
11) 9 × 6 = 54	12) 10 × 7 = 70	13) 9 × 3 = 27	14) 10 × 6 = 60	15) 10 × 5 = 50
16) 10 × 3 = 30	17) 10 × 12 = 120	18) 10 × 4 = 40	19) 10 × 8 = 80	20) 9 × 12 = 108

Multiplying by 9 and 10: Word Problems

1) 90, 2) 20, 3) 120, 4) 72, 5) 60

Multiplying by 11 and 12: Part 1

1) 11 × 10 = 110	2) 12 × 11 = 132	3) 12 × 10 = 120	4) 11 × 6 = 66	5) 11 × 2 = 22
6) 11 × 9 = 99	7) 12 × 12 = 144	8) 12 × 8 = 96	9) 12 × 5 = 60	10) 11 × 3 = 33
11) 11 × 11 = 121	12) 12 × 9 = 108	13) 12 × 7 = 84	14) 12 × 6 = 72	15) 12 × 2 = 24
16) 11 × 4 = 44	17) 11 × 12 = 132	18) 11 × 7 = 77	19) 12 × 4 = 48	20) 11 × 5 = 55
21) 11 × 8 = 88	22) 12 × 1 = 12	23) 12 × 3 = 36	24) 11 × 1 = 11	25) 12 × 5 = 60
26) 12 × 11 = 132	27) 12 × 10 = 120	28) 11 × 3 = 33	29) 12 × 3 = 36	30) 12 × 2 = 24
31) 12 × 10 = 120	32) 11 × 3 = 33	33) 11 × 4 = 44	34) 11 × 12 = 132	35) 11 × 6 = 66
36) 12 × 8 = 96	37) 11 × 10 = 110	38) 12 × 11 = 132	39) 11 × 2 = 22	40) 12 × 3 = 36

Multiplying by 11 and 12: Part 2

1) 3 × 12 = 36	2) 8 × 11 = 88	3) 9 × 11 = 99	4) 10 × 11 = 110	5) 9 × 12 = 108
6) 5 × 11 = 55	7) 4 × 11 = 44	8) 7 × 12 = 84	9) 1 × 12 = 12	10) 4 × 12 = 48
11) 3 × 11 = 33	12) 7 × 11 = 77	13) 2 × 11 = 22	14) 6 × 11 = 66	15) 8 × 12 = 96
16) 1 × 11 = 11	17) 10 × 12 = 120	18) 11 × 11 = 121	19) 11 × 12 = 132	20) 2 × 12 = 24
21) 5 × 12 = 60	22) 6 × 12 = 72	23) 12 × 12 = 144	24) 12 × 11 = 132	25) 5 × 11 = 55
26) 3 × 12 = 36	27) 9 × 11 = 99	28) 11 × 12 = 132	29) 8 × 12 = 96	30) 5 × 12 = 60
31) 5 × 12 = 60	32) 12 × 11 = 132	33) 4 × 12 = 48	34) 3 × 11 = 33	35) 11 × 12 = 132
36) 12 × 11 = 132	37) 2 × 12 = 24	38) 3 × 11 = 33	39) 11 × 12 = 132	40) 8 × 11 = 88

Multiplying by 11 and 12: Number Bonds

1) 12 × 11 = 132
2) 12 × 5 = 60
3) 11 × 8 = 88
4) 11 × 11 = 121
5) 12 × 6 = 72
6) 11 × 12 = 132
7) 12 × 10 = 120
8) 11 × 4 = 44
9) 12 × 2 = 24
10) 11 × 7 = 77
11) 12 × 8 = 96
12) 11 × 10 = 110
13) 12 × 4 = 48
14) 12 × 12 = 144
15) 11 × 5 = 55
16) 12 × 3 = 36
17) 12 × 1 = 12
18) 11 × 3 = 33
19) 11 × 6 = 66
20) 11 × 2 = 22
21) 11 × 9 = 99
22) 12 × 7 = 84
23) 11 × 1 = 11
24) 12 × 9 = 108
25) 11 × 8 = 88
26) 12 × 10 = 120
27) 11 × 5 = 55
28) 12 × 2 = 24
29) 12 × 2 = 24
30) 12 × 11 = 132

Right or Wrong?

The following sums are incorrect:
12 x 2 = 36
11 x 4 = 33
12 x 6 = 60
10 x 5 = 55

Multiplying Tigers

108 tigers.

Measuring Lines

a) Line 2 is the longest (11 cm)

Line 4 is the shortest (3 cm)

b) 33 cm

c) 15 cm

Mixed Questions

1) 9 × 4 = 36
2) 7 × 11 = 77
3) 3 × 2 = 6
4) 7 × 5 = 35
5) 10 × 2 = 20
6) 6 × 11 = 66
7) 7 × 2 = 14
8) 2 × 11 = 22
9) 4 × 10 = 40
10) 6 × 1 = 6
11) 9 × 1 = 9
12) 2 × 3 = 6
13) 1 × 11 = 11
14) 3 × 11 = 33
15) 4 × 8 = 32
16) 11 × 12 = 132
17) 11 × 11 = 121
18) 4 × 11 = 44
19) 8 × 6 = 48
20) 5 × 10 = 50
21) 5 × 11 = 55
22) 10 × 9 = 90
23) 4 × 7 = 28
24) 5 × 12 = 60
25) 10 × 4 = 40
26) 6 × 7 = 42
27) 8 × 11 = 88
28) 10 × 12 = 120
29) 6 × 3 = 18
30) 4 × 12 = 48
31) 6 × 2 = 12
32) 7 × 4 = 28
33) 9 × 12 = 108
34) 10 × 1 = 10
35) 6 × 5 = 30
36) 10 × 11 = 110
37) 6 × 12 = 72
38) 9 × 11 = 99
39) 8 × 12 = 96
40) 8 × 7 = 56

Mixed Questions 2

1) 12 × 12 = 144
2) 2 × 7 = 14
3) 11 × 12 = 132
4) 3 × 2 = 6
5) 3 × 12 = 36
6) 10 × 6 = 60
7) 9 × 12 = 108
8) 11 × 3 = 33
9) 5 × 12 = 60
10) 7 × 2 = 14
11) 11 × 10 = 110
12) 1 × 4 = 4
13) 5 × 7 = 35
14) 2 × 9 = 18
15) 12 × 11 = 132
16) 7 × 7 = 49
17) 2 × 12 = 24
18) 11 × 5 = 55
19) 9 × 11 = 99
20) 11 × 8 = 88
21) 11 × 4 = 44
22) 8 × 1 = 8
23) 10 × 10 = 100
24) 11 × 11 = 121
25) 10 × 11 = 110
26) 3 × 10 = 30
27) 7 × 12 = 84
28) 5 × 4 = 20
29) 6 × 1 = 6
30) 2 × 3 = 6
31) 12 × 10 = 120
32) 4 × 4 = 16
33) 7 × 3 = 21
34) 9 × 10 = 90
35) 8 × 5 = 40
36) 7 × 10 = 70
37) 7 × 4 = 28
38) 4 × 10 = 40
39) 8 × 10 = 80
40) 3 × 11 = 33

Mixed Questions 3

1) 10 × 1 = 10
2) 3 × 5 = 15
3) 8 × 8 = 64
4) 11 × 10 = 110
5) 3 × 12 = 36
6) 9 × 12 = 108
7) 8 × 11 = 88
8) 11 × 12 = 132
9) 10 × 11 = 110
10) 3 × 4 = 12
11) 2 × 5 = 10
12) 9 × 9 = 81
13) 11 × 2 = 22
14) 4 × 11 = 44
15) 2 × 7 = 14
16) 6 × 10 = 60
17) 11 × 7 = 77
18) 12 × 3 = 36
19) 6 × 2 = 12
20) 1 × 5 = 5
21) 11 × 1 = 11
22) 6 × 11 = 66
23) 10 × 7 = 70
24) 9 × 6 = 54
25) 2 × 10 = 20
26) 10 × 3 = 30
27) 12 × 11 = 132
28) 4 × 12 = 48
29) 7 × 3 = 21
30) 5 × 6 = 30
31) 2 × 12 = 24
32) 11 × 11 = 121
33) 5 × 10 = 50
34) 5 × 8 = 40
35) 10 × 6 = 60
36) 9 × 2 = 18
37) 8 × 9 = 72
38) 7 × 8 = 56
39) 12 × 10 = 120
40) 11 × 5 = 55

Mixed Questions 4

1) 6 × 11 = 66
2) 4 × 10 = 40
3) 5 × 12 = 60
4) 9 × 12 = 108
5) 7 × 7 = 49
6) 10 × 11 = 110
7) 1 × 3 = 3
8) 9 × 1 = 9
9) 8 × 2 = 16
10) 2 × 9 = 18
11) 11 × 12 = 132
12) 8 × 8 = 64
13) 2 × 5 = 10
14) 12 × 12 = 144
15) 11 × 2 = 22
16) 9 × 4 = 36
17) 3 × 11 = 33
18) 9 × 11 = 99
19) 9 × 10 = 90
20) 10 × 3 = 30
21) 5 × 11 = 55
22) 2 × 8 = 16
23) 4 × 3 = 12
24) 2 × 12 = 24
25) 4 × 5 = 20
26) 5 × 4 = 20
27) 10 × 2 = 20
28) 11 × 10 = 110
29) 11 × 7 = 77
30) 2 × 4 = 8

Mixed Questions 5

1) 9 × 5 = 45
2) 5 × 11 = 55
3) 7 × 7 = 49
4) 9 × 11 = 99
5) 5 × 12 = 60
6) 5 × 7 = 35
7) 6 × 12 = 72
8) 6 × 6 = 36
9) 12 × 10 = 120
10) 11 × 11 = 121
11) 10 × 9 = 90
12) 7 × 8 = 56
13) 8 × 9 = 72
14) 10 × 7 = 70
15) 9 × 9 = 81
16) 5 × 8 = 40
17) 8 × 7 = 56
18) 7 × 11 = 77
19) 10 × 11 = 110
20) 6 × 11 = 66
21) 11 × 7 = 77
22) 8 × 8 = 64
23) 11 × 9 = 99
24) 11 × 10 = 110
25) 8 × 6 = 48
26) 9 × 10 = 90
27) 9 × 8 = 72
28) 6 × 10 = 60
29) 7 × 5 = 35
30) 7 × 12 = 84

Mixed Questions 6

1) 12 × 11 = 132
2) 11 × 9 = 99
3) 11 × 12 = 132
4) 12 × 8 = 96
5) 11 × 7 = 77
6) 10 × 10 = 100
7) 11 × 11 = 121
8) 10 × 8 = 80
9) 11 × 10 = 110
10) 9 × 12 = 108
11) 9 × 6 = 54
12) 9 × 11 = 99
13) 10 × 9 = 90
14) 10 × 11 = 110
15) 11 × 6 = 66
16) 9 × 9 = 81
17) 9 × 8 = 72
18) 12 × 6 = 72
19) 10 × 7 = 70
20) 10 × 12 = 120
21) 11 × 8 = 88
22) 12 × 9 = 108
23) 12 × 12 = 144
24) 11 × 5 = 55
25) 9 × 7 = 63
26) 9 × 10 = 90
27) 12 × 7 = 84
28) 10 × 5 = 50
29) 10 × 6 = 60
30) 9 × 5 = 45

Multiplication Patterns

1) Count by 12 from 0 to 108

| 0 | 12 | 24 | 36 | 48 | 60 | 72 | 84 | 96 | 108 |

2) Count by 1 from 0 to 9

| 0 | 1 | 2 | 3 | 4 | 5 | 6 | 7 | 8 | 9 |

3) Count by 6 from 0 to 54

| 0 | 6 | 12 | 18 | 24 | 30 | 36 | 42 | 48 | 54 |

4) Count by 8 from 0 to 72

| 0 | 8 | 16 | 24 | 32 | 40 | 48 | 56 | 64 | 72 |

5) Count by 7 from 0 to 63

| 0 | 7 | 14 | 21 | 28 | 35 | 42 | 49 | 56 | 63 |

6) Count by 4 from 0 to 36

| 0 | 4 | 8 | 12 | 16 | 20 | 24 | 28 | 32 | 36 |

7) Count by 5 from 0 to 45

| 0 | 5 | 10 | 15 | 20 | 25 | 30 | 35 | 40 | 45 |

8) Count by 11 from 0 to 99

| 0 | 11 | 22 | 33 | 44 | 55 | 66 | 77 | 88 | 99 |

Multiplication Patterns 2

1) Count by 5 from 0 to 45

| 0 | 5 | 10 | 15 | 20 | 25 | 30 | 35 | 40 | 45 |

2) Count by 9 from 0 to 81

| 0 | 9 | 18 | 27 | 36 | 45 | 54 | 63 | 72 | 81 |

3) Count by 10 from 0 to 90

| 0 | 10 | 20 | 30 | 40 | 50 | 60 | 70 | 80 | 90 |

4) Count by 2 from 0 to 18

| 0 | 2 | 4 | 6 | 8 | 10 | 12 | 14 | 16 | 18 |

5) Count by 6 from 0 to 54

| 0 | 6 | 12 | 18 | 24 | 30 | 36 | 42 | 48 | 54 |

6) Count by 8 from 0 to 72

| 0 | 8 | 16 | 24 | 32 | 40 | 48 | 56 | 64 | 72 |

7) Count by 1 from 0 to 9

| 0 | 1 | 2 | 3 | 4 | 5 | 6 | 7 | 8 | 9 |

8) Count by 12 from 0 to 108

| 0 | 12 | 24 | 36 | 48 | 60 | 72 | 84 | 96 | 108 |

Multiplication Patterns 3

1) Count by 7 from 0 to 63

| 0 | 7 | 14 | 21 | 28 | 35 | 42 | 49 | 56 | 63 |

2) Count by 1 from 0 to 9

| 0 | 1 | 2 | 3 | 4 | 5 | 6 | 7 | 8 | 9 |

3) Count by 10 from 0 to 90

| 0 | 10 | 20 | 30 | 40 | 50 | 60 | 70 | 80 | 90 |

4) Count by 11 from 0 to 99

| 0 | 11 | 22 | 33 | 44 | 55 | 66 | 77 | 88 | 99 |

5) Count by 2 from 0 to 18

| 0 | 2 | 4 | 6 | 8 | 10 | 12 | 14 | 16 | 18 |

6) Count by 4 from 0 to 36

| 0 | 4 | 8 | 12 | 16 | 20 | 24 | 28 | 32 | 36 |

7) Count by 8 from 0 to 72

| 0 | 8 | 16 | 24 | 32 | 40 | 48 | 56 | 64 | 72 |

8) Count by 6 from 0 to 54

| 0 | 6 | 12 | 18 | 24 | 30 | 36 | 42 | 48 | 54 |

Multiplication Patterns 4

1) Count by 2 from 0 to 18

| 0 | 2 | 4 | 6 | 8 | 10 | 12 | 14 | 16 | 18 |

2) Count by 9 from 0 to 81

| 0 | 9 | 18 | 27 | 36 | 45 | 54 | 63 | 72 | 81 |

3) Count by 1 from 0 to 9

| 0 | 1 | 2 | 3 | 4 | 5 | 6 | 7 | 8 | 9 |

4) Count by 12 from 0 to 108

| 0 | 12 | 24 | 36 | 48 | 60 | 72 | 84 | 96 | 108 |

5) Count by 8 from 0 to 72

| 0 | 8 | 16 | 24 | 32 | 40 | 48 | 56 | 64 | 72 |

6) Count by 3 from 0 to 27

| 0 | 3 | 6 | 9 | 12 | 15 | 18 | 21 | 24 | 27 |

7) Count by 5 from 0 to 45

| 0 | 5 | 10 | 15 | 20 | 25 | 30 | 35 | 40 | 45 |

8) Count by 11 from 0 to 99

| 0 | 11 | 22 | 33 | 44 | 55 | 66 | 77 | 88 | 99 |

Table Drill

1)

×	3	0	6	9	1
9	27	0	54	81	9
5	15	0	30	45	5
12	36	0	72	108	12
7	21	0	42	63	7
0	0	0	0	0	0

2)

×	12	7	8	10	9
1	12	7	8	10	9
8	96	56	64	80	72
3	36	21	24	30	27
12	144	84	96	120	108
9	108	63	72	90	81

3)

×	3	10	6	1	7
3	9	30	18	3	21
4	12	40	24	4	28
0	0	0	0	0	0
8	24	80	48	8	56
9	27	90	54	9	63

4)

×	11	8	5	7	1
10	110	80	50	70	10
2	22	16	10	14	2
9	99	72	45	63	9
4	44	32	20	28	4
6	66	48	30	42	6

Table Drill 2

1)

×	1	12	2	0	10
7	7	84	14	0	70
11	11	132	22	0	110
10	10	120	20	0	100
6	6	72	12	0	60
12	12	144	24	0	120

2)

×	1	5	12	4	3
3	3	15	36	12	9
7	7	35	84	28	21
12	12	60	144	48	36
0	0	0	0	0	0
10	10	50	120	40	30

3)

×	10	1	2	11	6
6	60	6	12	66	36
9	90	9	18	99	54
4	40	4	8	44	24
2	20	2	4	22	12
3	30	3	6	33	18

4)

×	7	5	11	2	3
0	0	0	0	0	0
6	42	30	66	12	18
9	63	45	99	18	27
12	84	60	132	24	36
1	7	5	11	2	3

Table Drill 3

1)

×	10	7	1	9	3
2	20	14	2	18	6
12	120	84	12	108	36
6	60	42	6	54	18
8	80	56	8	72	24
5	50	35	5	45	15

2)

×	7	8	9	0	12
8	56	64	72	0	96
2	14	16	18	0	24
1	7	8	9	0	12
10	70	80	90	0	120
4	28	32	36	0	48

3)

×	5	6	10	8	1
4	20	24	40	32	4
7	35	42	70	56	7
5	25	30	50	40	5
9	45	54	90	72	9
2	10	12	20	16	2

4)

×	3	5	1	8	12
9	27	45	9	72	108
11	33	55	11	88	132
7	21	35	7	56	84
6	18	30	6	48	72
12	36	60	12	96	144

Input Output

1)

Input	Output
11	33
5	15
9	27
10	30

Multiply by 3

2)

Input	Output
9	54
1	6
4	24
2	12

Multiply by 6

3)

Input	Output
2	22
11	121
10	110
3	33

Multiply by 11

4)

Input	Output
10	40
7	28
5	20
4	16

Multiply by 4

5)

Input	Output
1	5
7	35
9	45
12	60

Multiply by 5

6)

Input	Output
9	81
12	108
5	45
8	72

Multiply by 9

Input Output 2

1)
Input	Output
1	6
11	66
7	42
10	60

Multiply by 6

2)
Input	Output
3	9
8	24
2	6
9	27

Multiply by 3

3)
Input	Output
8	96
1	12
9	108
12	144

Multiply by 12

4)
Input	Output
12	132
1	11
5	55
4	44

Multiply by 11

5)
Input	Output
12	120
8	80
9	90
10	100

Multiply by 10

6)
Input	Output
10	70
4	28
8	56
3	21

Multiply by 7

Multiplying Money 1

1) $8.00 × 4 = $32.00
2) $10.00 × 4 = $40.00
3) $7.00 × 10 = $70.00
4) $10.00 × 1 = $10.00
5) $3.00 × 4 = $12.00
6) $10.00 × 10 = $100.00
7) $1.00 × 10 = $10.00
8) $3.00 × 8 = $24.00
9) $2.00 × 4 = $8.00
10) $6.00 × 10 = $60.00
11) $4.00 × 1 = $4.00
12) $10.00 × 4 = $40.00
13) $5.00 × 6 = $30.00
14) $1.00 × 10 = $10.00
15) $10.00 × 7 = $70.00

Multiplying Money 2

1) £2.00 × 6 = £12.00
2) £3.00 × 10 = £30.00
3) £4.00 × 4 = £16.00
4) £10.00 × 4 = £40.00
5) £10.00 × 5 = £50.00
6) £10.00 × 4 = £40.00
7) £10.00 × 10 = £100.00
8) £4.00 × 8 = £32.00
9) £5.00 × 2 = £10.00
10) £10.00 × 8 = £80.00
11) £10.00 × 4 = £40.00
12) £1.00 × 5 = £5.00
13) £7.00 × 8 = £56.00
14) £7.00 × 10 = £70.00
15) £1.00 × 8 = £8.00

Timed Test 1

1) 1 × 2 = 2
2) 4 × 0 = 0
3) 3 × 3 = 9
4) 5 × 6 = 30
5) 3 × 3 = 9
6) 2 × 6 = 12
7) 1 × 1 = 1
8) 2 × 1 = 2
9) 0 × 3 = 0
10) 6 × 5 = 30
11) 0 × 2 = 0
12) 4 × 4 = 16
13) 3 × 1 = 3
14) 3 × 6 = 18
15) 1 × 5 = 5
16) 3 × 4 = 12
17) 5 × 5 = 25
18) 5 × 1 = 5
19) 0 × 6 = 0
20) 4 × 5 = 20
21) 4 × 1 = 4
22) 4 × 6 = 24
23) 5 × 4 = 20
24) 2 × 3 = 6
25) 0 × 5 = 0
26) 6 × 6 = 36
27) 3 × 0 = 0
28) 6 × 3 = 18
29) 0 × 1 = 0
30) 3 × 2 = 6
31) 1 × 3 = 3
32) 1 × 4 = 4
33) 5 × 2 = 10
34) 0 × 4 = 0
35) 6 × 2 = 12
36) 6 × 1 = 6
37) 5 × 3 = 15
38) 1 × 6 = 6
39) 3 × 5 = 15
40) 2 × 1 = 2
41) 5 × 0 = 0
42) 4 × 3 = 12
43) 6 × 4 = 24
44) 2 × 4 = 8
45) 2 × 0 = 0
46) 2 × 5 = 10
47) 4 × 2 = 8
48) 6 × 0 = 0
49) 1 × 0 = 0
50) 2 × 2 = 4

Timed Test 2

1) 2 × 2 = 4	2) 0 × 6 = 0	3) 6 × 2 = 12	4) 4 × 3 = 12	5) 4 × 6 = 24
6) 6 × 0 = 0	7) 5 × 6 = 30	8) 1 × 6 = 6	9) 2 × 4 = 8	10) 0 × 4 = 0
11) 4 × 0 = 0	12) 6 × 1 = 6	13) 6 × 4 = 24	14) 1 × 5 = 5	15) 5 × 3 = 15
16) 1 × 1 = 1	17) 4 × 5 = 20	18) 0 × 3 = 0	19) 4 × 4 = 16	20) 2 × 6 = 12
21) 5 × 5 = 25	22) 2 × 0 = 0	23) 6 × 5 = 30	24) 3 × 1 = 3	25) 1 × 0 = 0
26) 1 × 5 = 5	27) 1 × 4 = 4	28) 3 × 2 = 6	29) 0 × 2 = 0	30) 1 × 2 = 2
31) 1 × 3 = 3	32) 0 × 5 = 0	33) 2 × 3 = 6	34) 4 × 2 = 8	35) 3 × 3 = 9
36) 5 × 0 = 0	37) 3 × 4 = 12	38) 3 × 5 = 15	39) 2 × 1 = 2	40) 5 × 4 = 20
41) 5 × 2 = 10	42) 4 × 1 = 4	43) 0 × 1 = 0	44) 6 × 3 = 18	45) 2 × 5 = 10
46) 0 × 0 = 0	47) 3 × 0 = 0	48) 6 × 6 = 36	49) 3 × 6 = 18	50) 5 × 1 = 5

Timed Test 3

1) 1 × 6 = 6	2) 4 × 6 = 24	3) 1 × 5 = 5	4) 4 × 2 = 8	5) 5 × 5 = 25
6) 2 × 3 = 6	7) 5 × 2 = 10	8) 0 × 6 = 0	9) 6 × 5 = 30	10) 0 × 0 = 0
11) 6 × 3 = 18	12) 6 × 6 = 36	13) 2 × 5 = 10	14) 1 × 4 = 4	15) 4 × 5 = 20
16) 6 × 1 = 6	17) 1 × 3 = 3	18) 3 × 5 = 15	19) 2 × 4 = 8	20) 4 × 4 = 16
21) 5 × 4 = 20	22) 3 × 2 = 6	23) 3 × 4 = 12	24) 1 × 2 = 2	25) 4 × 3 = 12
26) 6 × 2 = 12	27) 0 × 3 = 0	28) 3 × 6 = 18	29) 2 × 2 = 4	30) 0 × 1 = 0
31) 2 × 0 = 0	32) 2 × 6 = 12	33) 6 × 4 = 24	34) 4 × 0 = 0	35) 5 × 3 = 15
36) 3 × 3 = 9	37) 2 × 1 = 2	38) 0 × 1 = 0	39) 5 × 0 = 0	40) 3 × 0 = 0
41) 1 × 0 = 0	42) 4 × 1 = 4	43) 3 × 1 = 3	44) 1 × 1 = 1	45) 0 × 4 = 0
46) 5 × 1 = 5	47) 0 × 2 = 0	48) 0 × 5 = 0	49) 5 × 6 = 30	50) 3 × 1 = 3

Timed Test 4

1) 6 × 5 = 30	2) 4 × 6 = 24	3) 8 × 5 = 40	4) 9 × 5 = 45	5) 4 × 1 = 4
6) 5 × 3 = 15	7) 6 × 6 = 36	8) 8 × 1 = 8	9) 4 × 2 = 8	10) 7 × 2 = 14
11) 5 × 6 = 30	12) 9 × 3 = 27	13) 4 × 5 = 20	14) 7 × 1 = 7	15) 7 × 3 = 21
16) 8 × 0 = 0	17) 6 × 2 = 12	18) 8 × 4 = 32	19) 9 × 0 = 0	20) 4 × 0 = 0
21) 8 × 3 = 24	22) 9 × 4 = 36	23) 6 × 1 = 6	24) 6 × 5 = 30	25) 5 × 0 = 0
26) 8 × 2 = 16	27) 6 × 3 = 18	28) 7 × 0 = 0	29) 4 × 4 = 16	30) 9 × 4 = 36
31) 9 × 1 = 9	32) 7 × 4 = 28	33) 8 × 6 = 48	34) 6 × 0 = 0	35) 6 × 4 = 24
36) 5 × 0 = 0	37) 5 × 6 = 30	38) 4 × 5 = 20	39) 9 × 6 = 54	40) 7 × 5 = 35
41) 5 × 2 = 10	42) 8 × 2 = 16	43) 5 × 5 = 25	44) 7 × 6 = 42	45) 8 × 1 = 8
46) 6 × 2 = 12	47) 4 × 3 = 12	48) 5 × 1 = 5	49) 5 × 4 = 20	50) 9 × 2 = 18

Timed Test 5

1) 1 × 4 = 4	2) 0 × 8 = 0	3) 5 × 7 = 35	4) 1 × 6 = 6	5) 3 × 9 = 27
6) 4 × 9 = 36	7) 6 × 8 = 48	8) 1 × 8 = 8	9) 4 × 4 = 16	10) 2 × 7 = 14
11) 5 × 4 = 20	12) 1 × 7 = 7	13) 3 × 7 = 21	14) 4 × 8 = 32	15) 4 × 6 = 24
16) 3 × 5 = 15	17) 6 × 7 = 42	18) 6 × 6 = 36	19) 1 × 5 = 5	20) 5 × 5 = 25
21) 3 × 8 = 24	22) 5 × 9 = 45	23) 5 × 8 = 40	24) 2 × 9 = 18	25) 2 × 6 = 12
26) 0 × 7 = 0	27) 2 × 5 = 10	28) 3 × 6 = 18	29) 3 × 4 = 12	30) 0 × 4 = 0
31) 2 × 4 = 8	32) 6 × 9 = 54	33) 6 × 4 = 24	34) 2 × 8 = 16	35) 4 × 7 = 28
36) 4 × 5 = 20	37) 0 × 6 = 0	38) 5 × 6 = 30	39) 1 × 9 = 9	40) 5 × 4 = 20
41) 0 × 9 = 0	42) 6 × 5 = 30	43) 2 × 6 = 12	44) 2 × 6 = 12	45) 0 × 5 = 0
46) 3 × 5 = 15	47) 4 × 7 = 28	48) 4 × 5 = 20	49) 0 × 4 = 0	50) 1 × 5 = 5

Timed Test 6

1) 3 × 3 = 9	2) 3 × 1 = 3	3) 6 × 9 = 54	4) 3 × 9 = 27	5) 6 × 3 = 18
6) 4 × 3 = 12	7) 7 × 8 = 56	8) 7 × 1 = 7	9) 2 × 4 = 8	10) 4 × 7 = 28
11) 6 × 1 = 6	12) 5 × 5 = 25	13) 4 × 1 = 4	14) 5 × 7 = 35	15) 2 × 8 = 16
16) 7 × 4 = 28	17) 6 × 8 = 48	18) 8 × 4 = 32	19) 6 × 4 = 24	20) 2 × 1 = 2
21) 7 × 5 = 35	22) 1 × 8 = 8	23) 8 × 3 = 24	24) 4 × 8 = 32	25) 7 × 7 = 49
26) 1 × 1 = 1	27) 2 × 7 = 14	28) 7 × 9 = 63	29) 8 × 6 = 48	30) 3 × 8 = 24
31) 8 × 8 = 64	32) 6 × 7 = 42	33) 2 × 2 = 4	34) 1 × 2 = 2	35) 3 × 2 = 6
36) 4 × 5 = 20	37) 2 × 5 = 10	38) 5 × 8 = 40	39) 2 × 6 = 12	40) 6 × 5 = 30
41) 4 × 9 = 36	42) 5 × 9 = 45	43) 4 × 4 = 16	44) 3 × 4 = 12	45) 8 × 1 = 8
46) 3 × 5 = 15	47) 5 × 6 = 30	48) 9 × 5 = 45	49) 3 × 7 = 21	50) 8 × 2 = 16

Timed Test 7

1) 10 × 4 = 40	2) 9 × 4 = 36	3) 9 × 3 = 27	4) 5 × 3 = 15	5) 3 × 12 = 36
6) 10 × 0 = 0	7) 8 × 5 = 40	8) 2 × 9 = 18	9) 5 × 4 = 20	10) 1 × 6 = 6
11) 7 × 2 = 14	12) 5 × 6 = 30	13) 6 × 3 = 18	14) 4 × 9 = 36	15) 3 × 9 = 27
16) 10 × 11 = 110	17) 1 × 5 = 5	18) 8 × 7 = 56	19) 1 × 2 = 2	20) 3 × 8 = 24
21) 5 × 9 = 45	22) 1 × 3 = 3	23) 3 × 11 = 33	24) 6 × 4 = 24	25) 7 × 9 = 63
26) 5 × 7 = 35	27) 3 × 7 = 21	28) 11 × 3 = 33	29) 10 × 5 = 50	30) 11 × 8 = 88
31) 12 × 6 = 72	32) 1 × 11 = 11	33) 12 × 3 = 36	34) 8 × 8 = 64	35) 8 × 3 = 24
36) 1 × 9 = 9	37) 0 × 8 = 0	38) 0 × 5 = 0	39) 2 × 1 = 2	40) 7 × 6 = 42
41) 7 × 11 = 77	42) 4 × 10 = 40	43) 8 × 9 = 72	44) 10 × 8 = 80	45) 8 × 2 = 16
46) 3 × 10 = 30	47) 8 × 12 = 96	48) 6 × 5 = 30	49) 7 × 4 = 28	50) 9 × 7 = 63

Timed Test 8

1) 11 × 2 = 22	2) 10 × 1 = 10	3) 11 × 4 = 44	4) 7 × 12 = 84	5) 10 × 0 = 0
6) 5 × 7 = 35	7) 5 × 6 = 30	8) 8 × 5 = 40	9) 9 × 6 = 54	10) 12 × 6 = 72
11) 5 × 10 = 50	12) 8 × 6 = 48	13) 9 × 10 = 90	14) 6 × 6 = 36	15) 9 × 0 = 0
16) 8 × 8 = 64	17) 5 × 12 = 60	18) 5 × 3 = 15	19) 11 × 10 = 110	20) 9 × 3 = 27
21) 7 × 10 = 70	22) 7 × 7 = 49	23) 11 × 9 = 99	24) 10 × 9 = 90	25) 7 × 2 = 14
26) 5 × 1 = 5	27) 8 × 11 = 88	28) 5 × 2 = 10	29) 8 × 12 = 96	30) 6 × 5 = 30
31) 12 × 9 = 108	32) 6 × 2 = 12	33) 10 × 10 = 100	34) 6 × 1 = 6	35) 10 × 11 = 110
36) 12 × 11 = 132	37) 8 × 1 = 8	38) 8 × 7 = 56	39) 8 × 3 = 24	40) 9 × 5 = 45
41) 7 × 3 = 21	42) 10 × 12 = 120	43) 12 × 1 = 12	44) 9 × 12 = 108	45) 6 × 7 = 42
46) 11 × 11 = 121	47) 12 × 7 = 84	48) 7 × 5 = 35	49) 9 × 1 = 9	50) 10 × 3 = 30

Timed Test 9

1) 10 × 8 = 80	2) 4 × 10 = 40	3) 11 × 8 = 88	4) 10 × 7 = 70	5) 2 × 8 = 16
6) 5 × 6 = 30	7) 8 × 7 = 56	8) 5 × 10 = 50	9) 5 × 11 = 55	10) 10 × 5 = 50
11) 12 × 6 = 72	12) 6 × 8 = 48	13) 1 × 7 = 7	14) 2 × 10 = 20	15) 11 × 7 = 77
16) 5 × 7 = 35	17) 2 × 9 = 18	18) 7 × 12 = 84	19) 3 × 11 = 33	20) 4 × 6 = 24
21) 10 × 9 = 90	22) 7 × 10 = 70	23) 7 × 6 = 42	24) 10 × 11 = 110	25) 5 × 9 = 45
26) 1 × 8 = 8	27) 6 × 5 = 30	28) 9 × 11 = 99	29) 3 × 5 = 15	30) 8 × 8 = 64
31) 8 × 12 = 96	32) 8 × 11 = 88	33) 3 × 12 = 36	34) 5 × 12 = 60	35) 1 × 10 = 10
36) 3 × 6 = 18	37) 6 × 7 = 42	38) 3 × 8 = 24	39) 9 × 10 = 90	40) 10 × 10 = 100
41) 7 × 11 = 77	42) 0 × 7 = 0	43) 1 × 6 = 6	44) 9 × 9 = 81	45) 4 × 11 = 44
46) 2 × 11 = 22	47) 0 × 10 = 0	48) 3 × 7 = 21	49) 7 × 9 = 63	50) 3 × 10 = 30

Timed Test 10

1) 11 × 7 = 77
2) 11 × 6 = 66
3) 12 × 7 = 84
4) 8 × 9 = 72
5) 11 × 10 = 110
6) 9 × 10 = 90
7) 10 × 12 = 120
8) 11 × 12 = 132
9) 7 × 12 = 84
10) 8 × 11 = 88
11) 10 × 9 = 90
12) 8 × 10 = 80
13) 8 × 7 = 56
14) 7 × 7 = 49
15) 11 × 8 = 88
16) 10 × 7 = 70
17) 7 × 6 = 42
18) 12 × 9 = 108
19) 10 × 10 = 100
20) 7 × 11 = 77
21) 9 × 7 = 63
22) 10 × 8 = 80
23) 9 × 11 = 99
24) 9 × 9 = 81
25) 10 × 11 = 110
26) 12 × 10 = 120
27) 12 × 8 = 96
28) 9 × 12 = 108
29) 9 × 8 = 72
30) 8 × 12 = 96
31) 9 × 6 = 54
32) 8 × 6 = 48
33) 7 × 8 = 56
34) 7 × 9 = 63
35) 12 × 12 = 144
36) 8 × 8 = 64
37) 11 × 9 = 99
38) 12 × 11 = 132
39) 11 × 11 = 121
40) 12 × 6 = 72
41) 9 × 10 = 90
42) 10 × 6 = 60
43) 9 × 8 = 72
44) 7 × 10 = 70
45) 11 × 7 = 77
46) 12 × 10 = 120
47) 12 × 8 = 96
48) 7 × 10 = 70
49) 7 × 9 = 63
50) 12 × 9 = 108

Timed Test 11

1) 11 × 10 = 110
2) 3 × 7 = 21
3) 8 × 6 = 48
4) 2 × 10 = 20
5) 7 × 10 = 70
6) 5 × 10 = 50
7) 11 × 7 = 77
8) 10 × 7 = 70
9) 2 × 11 = 22
10) 6 × 10 = 60
11) 4 × 10 = 40
12) 5 × 7 = 35
13) 8 × 10 = 80
14) 6 × 11 = 66
15) 1 × 12 = 12
16) 11 × 8 = 88
17) 4 × 11 = 44
18) 6 × 8 = 48
19) 6 × 9 = 54
20) 0 × 7 = 0
21) 9 × 11 = 99
22) 12 × 10 = 120
23) 10 × 9 = 90
24) 8 × 12 = 96
25) 8 × 9 = 72
26) 8 × 7 = 56
27) 3 × 12 = 36
28) 7 × 12 = 84
29) 7 × 8 = 56
30) 3 × 6 = 18
31) 9 × 10 = 90
32) 10 × 8 = 80
33) 11 × 9 = 99
34) 2 × 9 = 18
35) 4 × 12 = 48
36) 7 × 11 = 77
37) 3 × 8 = 24
38) 11 × 6 = 66
39) 3 × 9 = 27
40) 11 × 12 = 132
41) 2 × 8 = 16
42) 5 × 9 = 45
43) 7 × 9 = 63
44) 2 × 7 = 14
45) 9 × 8 = 72
46) 4 × 7 = 28
47) 10 × 11 = 110
48) 2 × 12 = 24
49) 12 × 9 = 108
50) 0 × 8 = 0

Timed Test 12

1) 9 × 12 = 108
2) 10 × 0 = 0
3) 9 × 9 = 81
4) 8 × 2 = 16
5) 10 × 10 = 100
6) 12 × 12 = 144
7) 11 × 9 = 99
8) 10 × 4 = 40
9) 8 × 8 = 64
10) 11 × 11 = 121
11) 7 × 9 = 63
12) 11 × 6 = 66
13) 12 × 2 = 24
14) 8 × 6 = 48
15) 11 × 1 = 11
16) 8 × 4 = 32
17) 9 × 4 = 36
18) 7 × 10 = 70
19) 9 × 1 = 9
20) 9 × 11 = 99
21) 9 × 6 = 54
22) 9 × 8 = 72
23) 10 × 7 = 70
24) 8 × 10 = 80
25) 11 × 5 = 55
26) 11 × 8 = 88
27) 9 × 5 = 45
28) 10 × 5 = 50
29) 8 × 3 = 24
30) 9 × 2 = 18
31) 8 × 5 = 40
32) 11 × 7 = 77
33) 7 × 12 = 84
34) 9 × 10 = 90
35) 10 × 11 = 110
36) 7 × 5 = 35
37) 12 × 11 = 132
38) 8 × 9 = 72
39) 11 × 4 = 44
40) 10 × 2 = 20
41) 9 × 0 = 0
42) 8 × 12 = 96
43) 12 × 9 = 108
44) 9 × 3 = 27
45) 10 × 6 = 60
46) 8 × 0 = 0
47) 7 × 8 = 56
48) 7 × 4 = 28
49) 10 × 9 = 90
50) 9 × 7 = 63

Timed Test 13

1) 7 × 10 = 70
2) 9 × 11 = 99
3) 10 × 0 = 0
4) 9 × 8 = 72
5) 8 × 10 = 80
6) 11 × 3 = 33
7) 11 × 7 = 77
8) 11 × 6 = 66
9) 10 × 3 = 30
10) 8 × 2 = 16
11) 9 × 3 = 27
12) 9 × 9 = 81
13) 10 × 9 = 90
14) 12 × 12 = 144
15) 10 × 1 = 10
16) 9 × 10 = 90
17) 11 × 2 = 22
18) 11 × 9 = 99
19) 11 × 10 = 110
20) 12 × 4 = 48
21) 8 × 4 = 32
22) 12 × 8 = 96
23) 8 × 3 = 24
24) 7 × 1 = 7
25) 9 × 4 = 36
26) 9 × 5 = 45
27) 8 × 1 = 8
28) 7 × 9 = 63
29) 10 × 4 = 40
30) 9 × 1 = 9
31) 8 × 8 = 64
32) 12 × 1 = 12
33) 11 × 4 = 44
34) 12 × 9 = 108
35) 11 × 1 = 11
36) 7 × 2 = 14
37) 10 × 11 = 110
38) 10 × 8 = 80
39) 9 × 2 = 18
40) 7 × 5 = 35
41) 12 × 5 = 60
42) 11 × 0 = 0
43) 7 × 8 = 56
44) 11 × 12 = 132
45) 10 × 10 = 100
46) 8 × 11 = 88
47) 8 × 7 = 56
48) 10 × 7 = 70
49) 12 × 2 = 24
50) 9 × 7 = 63

Timed Test 14

1) 8 × 4 = 32
2) 11 × 2 = 22
3) 3 × 3 = 9
4) 8 × 0 = 0
5) 11 × 4 = 44
6) 4 × 8 = 32
7) 1 × 1 = 1
8) 9 × 3 = 27
9) 9 × 12 = 108
10) 11 × 5 = 55
11) 9 × 9 = 81
12) 3 × 11 = 33
13) 11 × 12 = 132
14) 1 × 5 = 5
15) 12 × 11 = 132
16) 0 × 4 = 0
17) 5 × 9 = 45
18) 12 × 6 = 72
19) 3 × 7 = 21
20) 0 × 9 = 0
21) 2 × 1 = 2
22) 1 × 3 = 3
23) 6 × 4 = 24
24) 2 × 8 = 16
25) 1 × 10 = 10
26) 1 × 8 = 8
27) 4 × 3 = 12
28) 7 × 3 = 21
29) 11 × 6 = 66
30) 4 × 5 = 20
31) 8 × 7 = 56
32) 12 × 2 = 24
33) 3 × 8 = 24
34) 7 × 0 = 0
35) 5 × 7 = 35
36) 10 × 5 = 50
37) 3 × 2 = 6
38) 9 × 5 = 45
39) 2 × 9 = 18
40) 7 × 11 = 77
41) 4 × 4 = 16
42) 9 × 8 = 72
43) 7 × 10 = 70
44) 4 × 10 = 40
45) 10 × 12 = 120
46) 8 × 2 = 16
47) 0 × 11 = 0
48) 10 × 9 = 90
49) 10 × 6 = 60
50) 8 × 3 = 24

Timed Test 15

1) 8 × 10 = 80
2) 10 × 10 = 100
3) 6 × 11 = 66
4) 8 × 12 = 96
5) 1 × 1 = 1
6) 0 × 3 = 0
7) 1 × 2 = 2
8) 2 × 3 = 6
9) 11 × 0 = 0
10) 5 × 8 = 40
11) 3 × 6 = 18
12) 3 × 7 = 21
13) 8 × 8 = 64
14) 0 × 8 = 0
15) 1 × 6 = 6
16) 1 × 10 = 10
17) 2 × 8 = 16
18) 8 × 7 = 56
19) 10 × 2 = 20
20) 11 × 3 = 33
21) 11 × 8 = 88
22) 3 × 1 = 3
23) 9 × 11 = 99
24) 4 × 10 = 40
25) 10 × 6 = 60
26) 10 × 9 = 90
27) 8 × 2 = 16
28) 7 × 2 = 14
29) 2 × 10 = 20
30) 10 × 8 = 80
31) 11 × 2 = 22
32) 1 × 5 = 5
33) 6 × 7 = 42
34) 5 × 9 = 45
35) 2 × 1 = 2
36) 10 × 7 = 70
37) 3 × 2 = 6
38) 8 × 5 = 40
39) 4 × 3 = 12
40) 11 × 4 = 44
41) 12 × 6 = 72
42) 5 × 10 = 50
43) 2 × 7 = 14
44) 9 × 7 = 63
45) 2 × 9 = 18
46) 5 × 1 = 5
47) 4 × 9 = 36
48) 12 × 1 = 12
49) 11 × 5 = 55
50) 4 × 4 = 16

Printed in Great Britain
by Amazon